ディスカッション
多文化共生社会を考える

統計データで読み解く
移動する人々と日本社会
ライフサイクルの視点から情報分析を学ぶ

川村千鶴子 編著
郭 潔蓉・原 知章・貫 真英 著

ナカニシヤ出版

Exploring Multicultural Society

まえがき：人の移動と日本社会の変容を数値で読み解く

　本書は，グローバル感覚を磨くために多文化社会の基礎的な情報統計資料を読み解くことを目的としています。多文化共生を推進する自治体や企業，市民団体，学校そして高校や大学でのディスカッションに欠かせない視点を培うことができます。

　本書の特徴は，日本における多文化社会のさまざまな現象をライフサイクル（人生周期）に沿って検証し，多面的考察を可能にしたことです。たとえば，不就学が生じることによっておきる学歴格差は，キャリア形成に影響を与え，貧富の差を長期的につくりあげ，社会を分断し，二極化していく要因になっています。そうしたリスクの要因を考察し，グローバル化の影響をどのように受けているのかを考察するために，基礎的統計データを正しく読み解く能力が必要です。統計資料を分析し，今世紀の日本社会の課題を考察してみましょう。また統計数値を異なる視点から分析し，異なる意見の存在，調整，統合，政策を考えることによって，未来を展望する対話力が育成できます。

　特に，本書は，数値の弾力性，曖昧性，不可視な部分にも鋭い視点をもつことができ，対話が弾むように編成された画期的なテキストです。異なる意見の衝突・分裂よりも，マイノリティの意見や文化的に異なる意見を重視し，文化的多様性への寛容性と能動的対話力を養うことにもなります。

　では，なぜライフサイクルなのでしょうか。
　戦後，日本は一貫して「移民」を受け入れない法制度をもってきました。
　「永住」を目的とする外国人の入国を認めておらず，在留資格には「移民」という項目がありません。外国人登録者数は，80年代以降，ずっと増勢を示してきましたが，リーマンショックが日本経済を直撃した2008年の221万7,000人をピークに減少し始めています。ところが日本で働く外国人労働者の数に注目すると，一貫して増え続けています。

　さらに外国籍住民の生活や家族の内面に近づいてみましょう。定住化・重層化は顕著であり，移民1世，1.5世，2世，3世，そして4世の時代を迎えています。1.5世とは，幼少期に親の都合により渡日した人びとを指します。日本での妊娠・出産，育児から就学，就労，結婚・離婚，居住，まちづくりへの参画，老後の生活，病気，死亡，葬儀・弔いに至るライフステージが，次世代へとつながっているのです。高齢化の問題は，日本人の問題と思っていませんか。実は外国籍高齢者（65歳以上）の数も増加しています。それを数値でみてみましょう（図0-1）。

　外国籍高齢者数は，13万人を超えて，ここ20年で2倍以上に増えていることがわかります。その他に日本国籍をもつ高齢者，つまり日本に帰化した高齢者の数も多いのです。海外にルーツをもつ高齢者は毎年増えています。ちなみに帰化許可者は1990年代

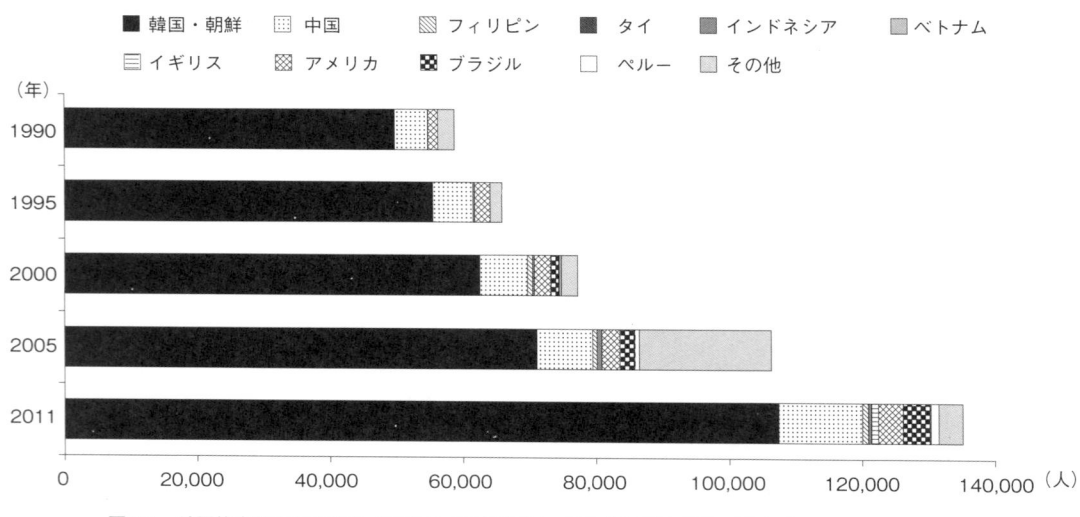

図 0-1　外国籍高齢者数の推移（総務省「国勢調査」，法務省入国管理局，「登録外国人統計」より作成）

に飛躍的に増加しました。1993年に年間1万人を突破し，1999年で1万6,120人です。戦後の累計では，30万人を超えているのです。

　この外国系高齢者は，どこで生まれ，何歳で日本に来たのでしょう。どんな教育を受けて，どのような仕事に就き，どこで生活を送ってこられたのか，一人ひとりの人生に光をあててみたいという気持ちになります。

> そう，そこにライフサイクルという時間軸の視座が広がります。

　本書が，人のライフサイクルという時間軸に沿っているのは，多文化社会の実態に即しているのです。さまざまな人生とライフサイクルの視座は，あらゆる人生がかけがいのない人生であることを映し出しています。世代の連続性と一貫性を捉えながら，個人の主体性と選択性が受容される社会を考えてみましょう。乳幼児期➡学童期➡思春期➡青年期➡成人期➡壮年期➡老年期というライフサイクルの流れの中で，多文化社会の課題をみつけましょう。経済格差が広がる社会では富裕層と貧困層との格差が次世代にも影響し，さらなる不平等な社会を形成していることも明らかです。ですから問題意識をもつことが大切ですね。自分の問題意識を大切にし，ディスカッションを通して分析し，数値のトリックや曖昧さ，そこに生まれる誤解にも気づくことができます。

　統計データを読み解くことは，決して難しいことではなく，歴史や新しい側面がみえてくるという大きな発見と喜びがあることを読者と共有したいと思います。

2013年桜の季節に

川村千鶴子

目　次

まえがき　*i*

論理数学的知能を伸ばそう！　*vii*

Part Ⅰ：情報分析の基礎知識

Chapter 01　笑う門には「学」来る ———————————— *3*
　　　　　　：遊びの創造力

　01-01　遊びの創造力　　　　　　　　　　　　　　　　　*4*
　01-02　数値を好きになるために　　　　　　　　　　　　*5*

Chapter 02　数のかくれんぼ ———————————————— *7*
　　　　　　：見えにくい数値を探し出す

　02-01　「不就学・不登校の外国人の子どもの数」を探そう！　*8*
　02-02　「夜間中学」に通う子どもたち　　　　　　　　　　*8*
　02-03　学問は「問う」ことから始まる　　　　　　　　　　*10*

Chapter 03　情報となかよくなる方法 ——————————— *11*
　　　　　　：情報を探す前の準備体操と情報入手

　03-01　情報を探す前の準備体操　　*12*
　03-02　情報の在処　　*13*
　03-03　情報の探し方　　*15*

Chapter 04　情報の加工と読み方 ———————————————— *17*
　　　　　　：グラフの種類と演習

　04-01　情報のグラフ化　　*18*
　04-02　情報の読み取り方　　*25*

Part II：データでみる多文化社会

Chapter 05　移民の人生─────────29
：ライフサイクルに寄り添う

05-01　「移民を受け入れる」とはどういうことか？　30
05-02　移民の人生をトータルで考える　31
05-03　ライフサイクルの視点から考える5つの有効性　31

Chapter 06　日本の多文化社会化─────────33
：戦後日本における「外国人」の増加

06-01　国境を越える人口移動からみる多文化社会化　34
06-02　外国人登録者数の推移からみる多文化社会化　35

Chapter 07　生まれる─────────39
：人口爆発と少子化

07-01　2050年の日本と世界　40
07-02　少子化社会・日本　42

Chapter 08　ともに家庭をつくる─────────45
：国際結婚と「ダブル」の子どもたちの増加

08-01　国際結婚からみる多文化社会化　46
08-02　「ダブル」の子どもたちから見る多文化社会化　47

目　次

Chapter 09　ともに子どもを育てる ───── 51
　　　　　　：外国籍児童の就学傾向

　09-01　乳児死亡数と死亡率からみる居住外国人の子育て　52
　09-02　外国人就学状況からみる不就学児童の苦悩　54

Chapter 10　ともに学ぶ ───── 57
　　　　　　：日本で学ぶ留学生の就学実態と進路

　10-01　日本で学ぶ留学生の実態　58
　10-02　留学生の卒業後の進路　60

Chapter 11　ともに働く ───── 63
　　　　　　：外国人の労働の状況と傾向

　11-01　雇用が外国人に奪われる？　64
　11-02　外国人と日本の求人　66

Chapter 12　ともに住まう ───── 69
　　　　　　：外国人には厳しい住環境

　12-01　外国人には厳しい日本での生活環境　70
　12-02　留学生の宿舎事情　72

Chapter 13　ともに街をつくる ───── 77
　　　　　　：まちづくりと助け合い，観光客の減少

　13-01　外国人観光客が訪れるまちづくり　78
　13-02　外国人と暮らすまちづくり　80

Chapter 14　ともに老後を支えあう ― 83
：高齢者支援の現場・介護

　14-01　在住外国人の高齢化　*84*
　14-02　外国人看護師・介護士の受入れ　*86*

Chapter 15　ともに弔い・祈る ― 91
：宗教施設・葬儀・墓地・埋葬

　15-01　日本における宗教系列と信者数　*92*
　15-02　弔いの選択と墓地　*94*

Chapter 16　Appendix　メディア・リテラシー ― 97
：マスメディアの責任は重大

　16-01　外国人は犯罪者が多い？　*98*
　16-02　凶悪犯は多いのか？　*100*

おわりに　*104*
引用・参考文献　*106*
索　　引　*110*

論理数学的知能を伸ばそう！

> 「あなたは論理数学的なことが苦手と思い込んでいませんか」

　人は誰でも，多くの能力を秘めて生まれてきます。しかし，それをなかなか発見できないでいます。特に大学初年次の学生には，論理的，あるいは数学的なことに苦手意識をもっている方が多数います。

　そこで紹介するのが，認知心理学者ハワード・ガードナー（H. Gardner）が唱えた「多重知能理論（Theory of Multiple Intelligences, MI）」です[1]。多重知能（マルティプル・インテリジェンス）とは，論理・数学的知能，言語的知能，空間的知能，身体・運動知能，音楽的知能，対人関係知能，自律と内省知能，博物学的知能という人間の生得的な8つの知能を指しています[2]。人は，生まれながらにこの多重知能をもって育っており，知的活動の特定の分野で，才能を伸ばすことができるというこの理論を大学の初年次教育で援用してみました。以下にガードナーによる8つの知能の説明を紹介します。高校までの偏差値だけがあなたの能力を測る指標ではないということを実感してみましょう。

❶ 論理数学的知能：Logical-mathematical Intelligence

　論理数学的知能が開発された人は，ある因果システムに介在する法則を科学的に解明することに優れています。物事を理論的に考察し，数字や量を把握し，理論的な方法で理解することができます。本書では，みなさんの論理数学的知能をいかに伸ばすかということに注目しています。

❷ 言語的知能：Linguistic Intelligence

　言語的知能は心にあるものを言葉で表現し，他者を理解するために自国語，外国語を使う能力を意味します。小説家や詩人は言語的知能に優れ，政治家や弁護士なども高い言語的知性をもっているといえます。

❸ 音楽的知能：Musical Intelligence

　音楽的知能は音楽で考える能力で，パターンを聞くことができ，認識したり，覚えたり，巧みに扱うことできます。音楽的知能の高い人は容易に音楽を覚えるだけではなく，心から音

---

[1] 1983年，ハーバード大学院教授の認知心理学者ハワード・ガードナーのプロジェクト・ゼロの研究成果による。
[2] 後に自然適応の知性，倫理哲学的知性などの知能も加えられました。

楽を楽しみ，音楽を通して物事を捉えたりします。伝統的な歌を歌う天性をもつ留学生も多数いますね。苦手な部分を音楽を聞きながら伸ばすことも可能です。

❹ 空間的知能：Spatial Intelligence

　空間的知能は，心に空間的世界を再現する能力です。航海士やパイロットは，大きな空間世界を航行します。彫刻家は，線で取り囲んだ空間的世界を再現します。書道・華道・茶道家にも空間的知能が必要です。空間的知能は，芸術家，建築家，画家，彫刻家，デザイナーを生み出します。数値のグラフ化は，空間的知性を活かして数値を読み解くことにもなります。スポーツ選手は，空間の把握が的確であるともいえます。

❺ 身体運動感覚的知能：Bodily-Kinesthetic Intelligence

　身体の運動感覚知性は，問題を解決するため身体の全体または一部，手，指，腕を使う創造的能力です。運動競技選手は，ダンスや舞台の演技者として適している場合があります。運動機能に優れた人は，この知能をはば広く活用して，ダンスによって表現するように知能を伸ばしてみましょう。

❻ 対人関係の知能：Interpersonal Intelligence

　対人関係の知能は，他者の気分，意思，動機，感情などを理解し峻別し，対応する能力です。対話力の基礎をなし，他者を理解する知能です。教師，医者，セールスマン，政治家だけでなく誰でも他者との関係性において対話力の熟練を必要とします。対話力を基本的知能の1つと捉え直すことが対話力を肯定的に評価する教育を支えています。

❼ 自律と内省の知能：Intrapersonal Intelligence

　自律と内省の知能は自己を知り，それに応じた行動ができる能力です。自己内省的知能は，自分が誰か，何ができるか，何をしたいか，物事にどう反応するか，何を避けようとするか，自分自身を理解することです。自己と向き合い，難局を乗り越える上に重要です。苦境にあっても他者をいらだたせず，何が可能で，何が不可能か両面を知り，組織のリーダーシップには欠かせない知能です。

❽ 博物学的知能 3)：Naturalist Intelligence

　博物学的知能は，自然界における雲や岩の形状などの特徴の感度だけでなく，植物，動物など生物間の識別能力をも示します。動物や植物が好きな学生は多く，博物学的知能をキャリア形成に活かすことも可能です。博物学的知能を販売促進にも活用している企業もあります。

---

3)「博物学的（＝博物学者）」博物学者は，自分の環境の多数の種，つまり動植物を見分けて分類するすぐれた能力を発揮する。

多重知能理論がご理解いただけたでしょうか。ガードナーは、インテリジェンスを次のように定義しています。

> 「インテリジェンス（知能）[4]とはある文化的背景において活性化され、問題を解き、その文化において価値があるとされるプロダクトを創造することができる、ある種の方法で情報を処理する生物学的、心理学的潜在能力である」。

ガードナーが「対人関係」や「自律と内省」などもあえて知能（Intelligence）と捉えたことは、学生と教師に発想の転換を促しました。人は多重知能を生れながらにもっており、ある程度までは教育や訓練で伸ばすことができるのです。人の多様性や「異なり」を積極的に肯定し、偏差値重視で少数の知能だけが別格に高く評価されがちな画一的教育から学生中心の視点を押し広げ、教育のプロセスや評価を変えていく理論的な裏づけになっています。この理論は1983年に発表され、全米に広まり、その後、応用した学習論が展開されてきました。

筆者は、勤務大学で2001年から現在までMI理論を初年次教育に援用してきました。その結果、多くの学生の劣等感を克服することに役立ったのです。まず、下のレーダーグラフの5段評価を使って、赤ペンで印をつけてみてください。外側が、より高い評価を示します。

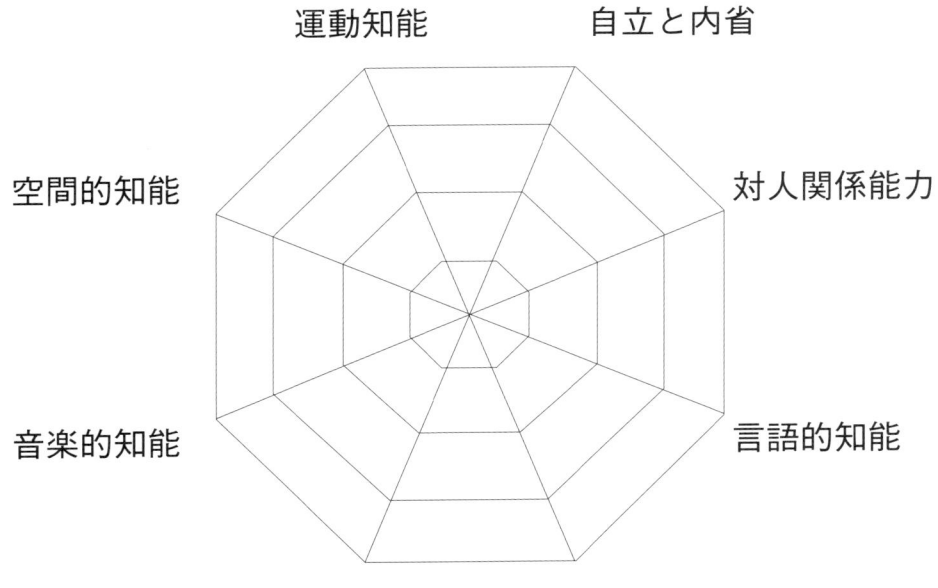

図 0-2　多重知能理論のレーダーグラフ（アームストロングの MIPizza を参考に筆者作成）

---

[4] Intelligence の和訳に関して、書籍によって知性とも訳されるが、統一して、知能と訳す。Intelligence is the bio-psychological potential to process information in certain ways that can be activated in a cultural setting to solve problems or make products that are valued in a culture. Howard Gardner-

このテキストを使用した後は，最後のページのレーダーグラフを再度，試してみてください．自分自身の論理・数学的知能がより高く評価できるようになっているかをぜひ，確かめてみてください．

MI 理論は，多様性のための教育学である多文化教育を理論的に支える可能性をもっています．たとえば，筆者は，初年次教育の自己紹介に MI 理論を導入し，学生がもっている優れた知能を明確にしてから教科に入っていくことにしました．その結果，数学の苦手意識や英語が苦手なことによって劣等感で学習意欲が湧いてこなかった学生が MI 理論を理解し，偏った劣等感から解放され，新たに学ぼうとする出発点に立ち戻ったように思います．

日本の教育が，偏差値を重視し，それぞれの多様性に力点を置いてこなかった弱点を補い，「人の多様性とは，多様な知性のコンビネーションの違いから形成される」という新しい視点から捉え直すことができたのです．

それは教師中心の授業（teacher-centered）ではなく，学生の知能の特徴や学習方法（learning style）の違いに着目し，学習者中心の授業（learner-centered）がいかに重要であるかを示唆してくれます．

個性を重視する教育は，礼節もなく勝手きままな学生の行動を容認するのではありません．多様な知能や能力を積極的に評価することで，創造力・思考力・独創性を育てる教育です．

経済発展だけを重視する競争社会では，個性重視の教育に力点がおかれなかったのです．多文化社会では，何が「学力」なのか，と自問自答することになります．インターネットであらゆる情報を入手できる時代に「知識の集積」だけを高く評価するのではなく，創造力，対話力，判断力，論理的思考などがより重要です．それぞれの個性を正当に評価することが，いじめや差別のない学校文化と地域文化を創出することにつながります．

2001 年から 12 年間の実践を通して学生たちが自信をもち，多様な知能をキャリア形成に役立てていることもわかります．社会人である読者にとっても本書は多文化社会を論理的に考察し分析していく上でなくてはならない一冊となることでしょう．

本書を用いた学びが，論理・数学的なことが苦手と思い込んでいる読者にとって大きな転機となれば執筆者一同これに勝る幸せはありません．

情報分析の基礎知識

01　笑う門には「学」来たる：遊びの創造力

02　数のかくれんぼ：見えにくい数値を探し出す

03　情報となかよくなる方法：情報を探す前の準備体操と情報入手

04　情報の加工と読み方：グラフの種類と演習

01

笑う門には「学」来たる
:遊びの創造力

01-01　遊びの創造力

❶ ホモ・ルーデンス

　人類の歴史は，人の移動の歴史ともいわれています。人が生きるということは移動することであり，その過程は，さまざまな文化創造の歴史でもありました。では文化はいつごろ生まれたのでしょうか。オランダの文化史学者・哲学者ホイジンガ（J. Huizinga, 1872-1945）は，「ホモ・ルーデンス」（遊ぶ人）を概念化しました。人間は普通の生活や仕事から乖離すればするほど，本質的な「遊び」を創出し，人間の本質が「遊び」にあると主張したのです。

　みなさんにとって「遊び」とはどんな意味をもっているでしょう。

　彼の著書『ホモ・ルーデンス』の冒頭は，「遊びは，文化よりも古い」という確信に満ちた文章に始まります。そして「遊び」には，緊張と喜びと楽しさが同居しており，人間の創造力の本質があると説いたのです。文化の諸側面にみられる遊びの要素を鋭く探究し，「遊び」は文化を創り出し，働かせ，守護するとも書いています。しかも「批判もする」というように多機能的な創造の泉であるという，遊びのもつ文化創造力を明らかにしました。

　興味深いことに，ホイジンガは世界中の民族の遊びや遊具について文化人類学的調査を重ねた結果，遊びという一見非合理的な行動から人間の創造力が生まれる過程を述べています。

　本書の執筆者を励ましてくれたのは，人は何もないところから「遊び」を考え出すということです。みなさんと一緒にその発想をディスカッションに活かしてみましょう。

❷ 遊びの創造力

　本書を貫くスピリットは，「遊びの創造力」です。わたしたちは，これまでに「遊びの創造力」を培ってきたか考えてみてください。毎日，何かちょっとしたことでも緊張と喜びと楽しさが同居して，思いっきり遊び，心の底から声を出して笑っていますか。人が生きるということは，人と人の「間」を生きることであり，その「間」が，笑いに満ちていたら人生はどんなにか健康的でかつ建設的なことでしょう。辛いことがあっても笑いに満ちた楽しい人生を送る社会の創造は，「学問を拓くディスカッション」につながっていると考えます。つまり学生主体型ディスカッションは，異論・反論を歓迎し，論理的議論を深化させます。そう，笑う門には「学」来たる，です。

　人の移動は，地域社会を多元化し，多様な価値観をもった人々との接触領域は，さらに多層化しました。まずは大いに交流を楽しんで笑いのある人間関係をつくってみましょう。好奇心と行動力があれば，ともに食し，着飾り，祭りを楽しむことができます。

> 異文化間に「遊び」を創造し，笑いがこぼれる時空を共有しましょう。

01-02 数値を好きになるために

❶ 多文化社会を数値で読み解こう！

　その一方で，多国籍化する多文化社会には軋轢や葛藤もあります。自治体にとっても，移民・難民の受入れは，荷の重いことで「限度があるよ」と悲鳴をあげている地域もあります。妊娠・出産にはじまり，外国にルーツをもつ子どもたち（☞49頁, 56頁）の教育の課題や，キャリア形成と支援，多文化型まちづくりの実践，多文化間での医療の問題，老後や葬儀の問題など人々のライフサイクル（人生周期）に沿ってのインフラ整備（多文化共生政策）は，さながら果てしない物語のように感じられるかもしれません。

　現実に，移民を受けいれて発展してきた欧米諸国でも移民問題に端を発する社会の重荷と分断が深刻になっています。分断は次世代にも続いて連鎖します。家族の変容，親密圏の変容は，多文化社会をさらに複合化し，多様化します。この難問を，どう考えていけばよいのでしょうか。社会現象を読み解くキーワードの1つは「数値」です。

> 「あー，どうしたらいいのか。数値が読めない！　多文化社会のダイナミズムを解くことができない！　このまま外国の方々が増えたらどうなってしまうのだろう！」

　そんな不安の声があちらこちらから聴こえてきます。
　でも，心配ご無用！　情報分析の基礎がわかれば，まず数値が好きになります。今からでも決して遅くはないのです。本書を学べば，あなたが発見した数値を冷静に分析することができ，論理的な発想が生まれ，説得力をもったディスカッションはさらに白熱します。

❷ 本書の使い方

　本書は，日本における多文化社会現象を人生周期に沿って検討し，トランスナショナルな多元価値社会を統計資料から分析する初めての入門書です。21世紀の日本社会の課題をまずは統計数値からさまざまな異なる視点から分析し，異なる意見の存在を知ります。はたしてここに入手した数値は正しいだろうか，もっとよいデータはないだろうか？——いろいろと批判的に，論理的に考えながら，日本社会の仕組みやあるべき政策について考えてみましょう。実は，国籍を超えるトランスナショナルな未来を展望する力は，あなた自身のキャリア形成を支える原動力にもなるのです。

　キャリアとは，「個々人が生涯にわたって遂行する様々な立場や役割の連鎖およびその過程における自己と働くことの関係づけや価値づけの累積」（文部科学省, 2004）と定義されています。キャリアの捉え方は変化していますが，単に就職のために資格を取得するといったこ

とではないのです。狭義にはワーク・キャリア形成を中心に社会制度や企業の組織論理という要素が加わっています。

多文化社会では，多様な人々のライフ・コースの長期的視野から意味づけをするプロセスがより重要なのです。

本書が解説する図表には，ライフサイクルと文化間移動におけるキャリア形成を検討する基本になるものもあります。その意味で本書が，読者のキャリア形成と人生を見つめる視座を拓く一助になれば執筆者一同この上ない喜びです。

グローバル化時代の国際感覚を磨くために国際人口移動がもたらす人口動向や経済動向を読み取り，移民政策を議論するために役立ててください。

情報分析を基礎の基礎からていねいに学び「遊びの創造力」でグローバル化を読み解いていきましょう。統計資料を正しく扱い，多様性を読み解く力こそが，実践的でポジティブな力強い発想を生み出すのです。

笑いは，数値に対する緊張を解き，授業にディスカッションへの集中力と活力を与えてくれます。教師も学生も一緒にリラックスして試してみましょう。学生主体型授業になるとキャリア形成にも役立ち，大学生活の楽しさは倍増します。そしてライフサイクルの中で青年期が楽しいと人生は何倍もポジティブになるはずです。

笑う門には「学」来たる。どうぞ，ページをめくってください。

02 数のかくれんぼ
：見えにくい数値を探し出す

02-01　「不就学・不登校の外国人の子どもの数」を探そう！

> 「外国系の子どもたちは，日本の教育システムで不便はないのだろうか。平等で公正な機会を与えられているのだろうか」
> 「外国籍児童・生徒って何人なのだろう」
> 「不就学・不登校の外国籍の子どもの数はどうやったら調べられるだろう」

統計にはみえにくい数値があります。まずご一緒に実態調査をしてみましょう。

外国籍の子どもたちは，現在，基礎教育が義務化されておらず，日本語での学習言語を獲得できず，授業についていけずに不登校になりがちです。また，マスメディアによれば，いじめや親の都合で不就学になるケースが問題になりました。子どもの学歴は家庭の収入や親の学歴，職業に影響され，貧富の差からくる学歴格差は広がっています。

親が長時間労働で経済的に苦しかったり，滞在予定が不確定だったりすると，子どもたちは，自分はどこの国の人間で将来どうなるのかといった不安を抱えています。

青少年期の教育とキャリア形成はアイデンティティの確立と密接な関係にあり，読み書きができなくてはキャリア形成どころではありませんね。

02-02　「夜間中学」に通う子どもたち

図2-1　都内の夜間中学で毎晩勉強する人々（2012年7月, 川村撮影）

そこで，私は，地域で日本語を教えているNGO/NPOをインタビューしてみました。ところが，不就学の児童・生徒はそこにはいないのです。家の中に引き籠っているのです。

また難民の子弟が「夜間中学」に通っていることを知り，でかけてみました（図2-1）。

夜間中学では，外国籍の人々が，基礎教育と日本語教育を受けています。現在，中学校夜間学級に通学している生徒は，その約6割以上が在日外国人です。特に，1990年以降外国籍の若者たちが増えました。不登校経験者や障がい者など，多様な人々を受け入れる学級となっています。そのため，教育課題も複雑化しています。教育ニーズの多様化に夜間学級の先生方は「義務教育未修了者の学習権保障」という言葉を使うようになりました。つまり基礎教育は，「基本的人権保障」につながるものだ，という認識が教員間で表明されていることがわかりました。

表 2-1　東京都内の夜間中学の外国籍生徒の母語調査（東京都夜間中学校研究会, 2011）

| | | 日本語指導が必要な | | 引揚・帰国者 | | | | | | 難民 | 在日韓国朝鮮 | 移民 | 新渡日 | その他 | 人数 | 割合 |
		若年	青中高	本人	配偶者	二世	二世の配偶者	三世	三世の配偶者	四世							
1	中国語	2	2	2	7	18	21	8	9	3				145		217	52.5%
2	フィリピン語	13	2											62		77	18.6%
3	韓国・朝鮮語				1							1		26	1	29	7.0%
4	ベトナム語										10			12		22	5.3%
5	ネパール語											1		19		20	4.8%
6	タイ語	2												17		19	4.6%
7	スペイン語													8		8	1.9%
8	ヒンディー語													4		4	1.0%
9	日本語	1										1		1		3	0.7%
10	ビルマ語・ミャンマー語										1			1		2	0.5%
11	パキスタン語	1												1		2	0.5%
12	モンゴル語					1								1		2	0.5%
13	英語	1														1	0.2%
14	ポルトガル語										1					1	0.2%
15	トルコ語													1		1	0.2%
16	ペルシア語													1		1	0.2%
17	マレーシア語													1		1	0.2%
18	インドネシア語													1		1	0.2%
19	リトアニア語													1		1	0.2%
20	パシュトゥー語													1		1	0.2%
	合計	20	4	3	7	19	21	8	9	3	13	2	0	303	1	413	100.0%

出典：母語調査（2011 年度）東京都夜間中学校研究会　引揚者教育研究部・在日外国人教育専門部

　表 2-1 の数値は東京の中学校夜間学級に学ぶ外国人および帰国者等に関する調査の結果です（2011 年 10 月）。なんと 413 人もの 15 歳以上の外国籍の人々が通っています。

　勉強時間は，午後 4 時から 9 時まで。一番楽しみなのが，6 時からの給食の時間です。私もご一緒にいただきました。七夕にちなんで星型の野菜がいっぱい入っていました（図 2-2）。でも気になるのは給食費や授業料ですね。給食費は 305 円（東京都が半額負担してくれています）。そして授業料は無料。つまりここは公立夜間中学校で，卒業証書を取得できる夜間中学校です。

　では，それらの外国人は，来日してからどのくらいの月日がたっているのでしょうか。

図 2-2　都内の夜間中学の給食
（2012 年 7 月，川村撮影）

表2-2　東京都内の夜間中学の外国籍生徒の在日年数（東京都夜間中学校研究会（2011））

	日本語指導が必要な		引揚・帰国者							難民	在日韓国朝鮮	移民	新渡日	その他	人数	割合
	若年	青中高	本人	配偶者	二世	二世の配偶者	三世	三世の配偶者	四世							
1年未満	6				1	2	2		2				81	1	95	23.0%
1年以上	6					2	2	3	3	4			80		100	24.2%
2年以上	3	1		1	3	3	2	6	1	3			50		73	17.7%
3年以上	2		1		1		1	1		4			25		35	8.5%
4年以上				1	1	3							13		18	4.4%
5年以上	2	2				3	2			1			20		30	7.3%
10年以上	1		1	2	4	9	8			1	2		34		62	15.0%
不　明															0	0.0%
合　計	20	4	3	7	19	21	8	9	3	13	2	0	303	1	413	100.0%

出典：前述と同じ

　表2-2からは，在日年数3年未満が全体の7割を占めることがわかります。特に，在日年数1年以上2年未満の生徒が最も多いですね。驚くべきは，在日年数が10年以上のニューカマー（☞38頁）が15％もいます。日本での生活が定着した後，あらためて読み書きなどの必要に迫られて入学したのでしょう。在留資格別にみると，難民が13名も含まれています。年齢的には，10代の生徒が全体の約半数にあたり，男子生徒はその6割近くが10代です。

02-03　学問は「問う」ことから始まる

　2012年現在，8都府県に35校の夜間中学があります。まだ39道県にはないのです。東京には8校ですが，北海道，東北，北陸，中部，九州地方に至ってはゼロです。ゼロとは一校も設置されていないということです。全ての都道府県に，公立の夜間中学があったらいいですね。未就学とは，義務教育をまだ受けたことのない，修了していない人の数です。基礎教育を受ける権利の保障は，人が生きる「生存権」であるとユネスコの学習宣言は明言しています。

　このように学問は「問う」ことから始まります。

「日本は本当に平等で公正な社会なのだろうか」

あなたの問題意識，それが一番，大切です。

03

情報となかよくなる方法

：情報を探す前の準備体操と情報入手

03-01　情報を探す前の準備体操

> みなさんは調べ物をするとき，まず何から始めますか？

　「図書館に行ってみる」あるいは「インターネットで検索したり，リンクを辿ってみる」といったところからでしょうか？「正解」と言いたいところですが，実は，よく行われるこうした行為こそが，調査を間違った方向性へ導いてしまう大きな落とし穴なのです。

　「なぜいけないのか？」と，みなさんは頭の中が疑問で一杯なのではないでしょうか。しかし，ただ闇雲に図書館の蔵書やインターネット上の情報を片端から眺めてみただけでは，一体全体何を書けばよいのか，あるいは，何を資料とすべきなのか，みつからずに終わってしまうことが往々にしてあるものです。みなさんも膨大な資料を眺め，さんざん悩んだ果てに探すのを止めてしまった経験はありませんか？　それでは，時間も労力も無駄になってしまいますね。せっかく情報を探すのであれば，時間を有効かつ有意義に使いたいものです。

　では，何をすべきなのか，余計にわからなくなってしまいそうですね。本当は，とても単純なことなのですが，「目的」を確認することが重要なのです。「何のために，どんなことを調べるのか？」ということが明確であればあるほど，情報はみつかりやすく，仮に途中で調べる方向性がずれて間違った方向性へ行きそうになったとしても，必ずガイドラインとなって脱線を防いでくれます。

　もっとよい方法は，調べる目的とそれを達成するためにどんな項目の情報を探すのかを簡単に図式化しておくことです。たとえば，みなさんが「日本における人口問題について」というテーマのレポート課題に取り組むと仮定してみましょう。この場合，テーマそのものが「目的」となりそうですね。図式化するのにいろいろな方法がありますが，最もわかりやすく，一般的なのは目的から分解していく方法です。そして，この分解作業に最も適しているのがツリーチャート[1]です。さっそくこのツリーチャートを使って，目的に沿った分解図を実際に作ってみましょう。

　まずは，今回の目的を一番上の箱に書いてみましょう。次に目的である「日本における人口問題」には具体的にどんな問題があるのかを調べ，その下の箱に書き出してみましょう。そして，各問題を理解するためにはどんな項目を調べるべきかを考え，更にそれぞれの問題の下の箱に列挙していきます。この時，思いつく限りの項目を挙げてから目的と照らし合わせ，実際に調べたい項目を検討した上で，項目の取捨選択をしていきます。調べたい項目が固まってきたら，もう一度ツリーチャートの構成を客観的な視点で眺め，目的に沿った問題と調査項目がきちんと挙げられているかどうか，確かめてみましょう。問題がなければ，ツ

---

[1] ツリーチャート：木の枝のように物事を分解して関連性のつながりを表現した図のことを指します。その特徴から「分解表現チャート」とも呼ばれます。

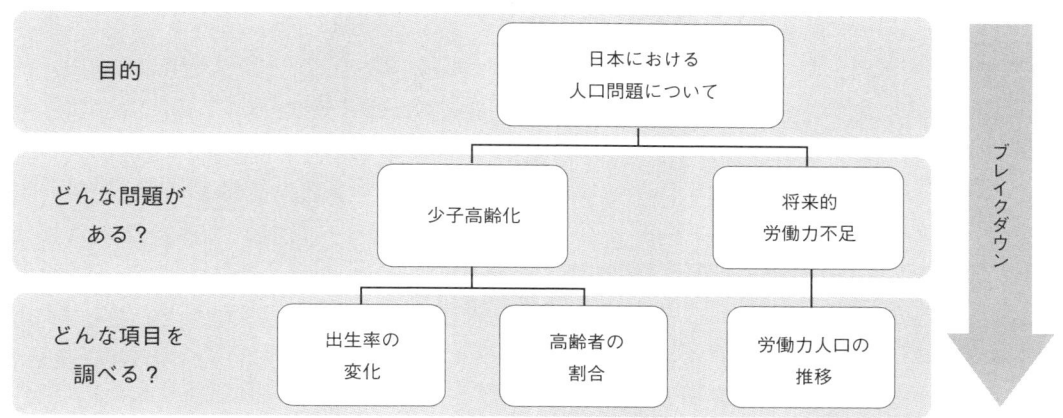

図 3-1　レポート課題の「目的」の図式化（例）

リーチャートのできあがりです。実際にこれまで説明してきた作業を図式化すると，図 3-1 のようになるのではないでしょうか。

　このように目的から実際に調べる項目を分解していく作業を「ブレイクダウン」と呼びます。つまり，大きな視点から段階的に小さな視点に細かく分解していくという意味です。この作業を怠ってしまうと，細かいところから入り込んでしまい，偏った情報ばかりを集めてしまうというリスクが高まります。言い換えると「木を見て森を見ず」ということに陥ってしまうのです。少しめんどうに感じるかもしれませんが，こうした準備体操をしておくと，後で大けがをするということはありません。より情報と楽しくつきあっていくために，ぜひ十分な準備体操をしておきましょう。

03-02　情報の在処

　十分な準備体操が終わったら，次は情報の入手ですね。しかし，一言に「情報を入手する」といっても，一体全体「どうやって調べたらよいのか？」といった難問が立ちはだかるのではないでしょうか。

　実際，私たちの身の回りには，実に多くの情報が氾濫しています。そのあふれる情報の中から自分の知りたい情報を的確に選択し，入手できるようになるにはある程度の時間と経験を要します。世の中には，こうした情報収集のスキルを身につけたプロフェッショナルな職業があります。図書館司書，シンクタンクの研究員，社会調査士などがその代表格ですが，一般的な基礎情報からそれぞれの職業に特化した専門的な情報までを収集・分析できる能力を培っています。「ローマは一日にしてならず」という言葉がありますが，情報のプロも「一日にしてならず」ですね。

では,初学者はどこから始めるべきなのでしょうか。最初に確認すべきなのは,何よりもまず「情報源」です。情報の出所がわからなければ,探すのに一苦労ですし,欲しい情報にたどり着くまでに相当な時間を費やす羽目に陥ってしまいます。まず,世の中にはどんな情報源があるのかを整理しましょう。

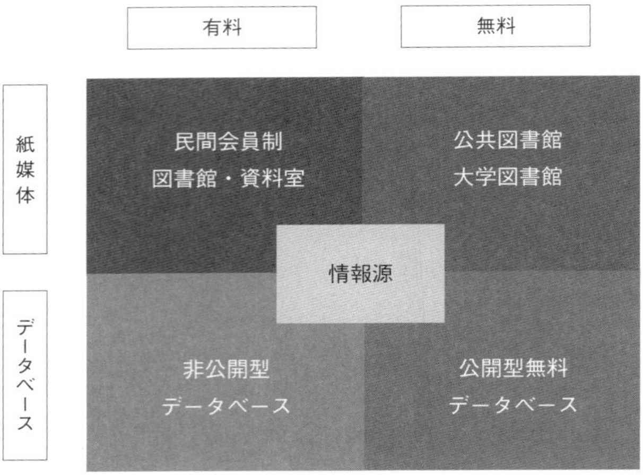

	有料	無料
紙媒体	民間会員制 図書館・資料室	公共図書館 大学図書館
データベース	非公開型 データベース	公開型無料 データベース

図3-2 「情報源」は何処にあるのか?

図3-2は,情報源を大まかに分類した図です。表では,有料と無料の情報に分けられていますが,有料のものは非常に値段が高く,一般的には法人が利用するケースがほとんどです。個人では,なかなか高額の有料情報を購入するのは現実的ではないですね。では,私たちは何処から情報を得たらよいでしょうか。公共の図書館や大学の図書館も調査する目的がしっかりしていれば,それほど時間をかけなくてもいろいろな情報が得られます。

もう1つ,情報技術の進化によって,とても便利になったのが「公開型の無料データベース」です。特に官公庁が提供するデータベースは情報の信頼性も高く,エクセルにまとめられたデータを簡単にダウンロードして入手することが可能です。国内では政府統計を総合的に扱っている「e-stat」やアジア経済研究所が提供しているアジア諸国の情報を扱う「アジア動向データベース」が代表的です。他にも各省庁のホームページで統計データを無料で提供しています。

また,海外では国連統計局が運営している「UN Data」が有名です。国連の各機関で運営されているデータベースをすべて集約しており,カテゴリー別に欲しいデータを横断検索することが可能です。国連の各機関のホームページでもそれぞれのデータベースを無料で提供していますので,みなさんも興味のあるテーマがみつかったら,関係機関の統計のページをぜひ覗いてみてください。

国連よりは規模が小さくなりますが,地域に特化したデータベースもあります。たとえば,EUが提供している「Eurostat」がその代表格です。限定された地域のみを扱っていますが,ヨーロッパの国々のことを調べる際には,ピンポイントで情報を得られるので大変便利です。また,OECD[2]といった国際機関でも有料でデータベースを提供していますが,一部無料で検索できるデータもあります。OECD東京センターのHPにアクセスし,主要統計のタブをクリックすると,問い合わせの多い統計を無料で公開しています。

---

2) OECD:Organisation for Economic Co-operation and Development。日本語訳名称を「経済協力開発機構」と言います。ヨーロッパ諸国を中心に日本,アメリカ合衆国を含む34カ国の経済先進国が加盟する国際機関です。

このように無料のデータベースをうまく組み合わせて活用すれば，みなさんが想像している以上に沢山の情報を得ることができます。「百聞は一見にしかず」ですので，実際にデータベースにアクセスして，どんな情報が取れるのか，ぜひ試してみてください。

03-03 情報の探し方

情報源がある程度わかったら，次はいよいよ情報の探し方ですね。みなさんは，どんな探し方が効率的かつ的確に欲しい情報にたどり着きやすいと考えますか？ 手当たり次第に探していくのが手っ取り早いようにも感じますが，闇雲に探すと実はかえって時間がかかってしまいます。では，どうすべきなのでしょう。

代表的な探し方は，次の3つの方法です。

①キーワードから探す
②調査機関から探す
③統計データ名から探す

しかし，探し方がわかっても，どれを活用すべきか迷うところですね。まずは，欲しい情報に対して，自分が知っていることを確認しましょう。たとえば，欲しい情報に対してある程度の知識がある，あるいは，関連する周辺事情にくわしい場合は，知っている知識の中から関連する言葉，つまり「キーワード」を思いつく限り列挙するとよいでしょう。キーワードは，単体で活用してもよいですし，複数をうまく組み合わせて情報を絞り込むといった方法も有効です。

逆に欲しい情報に対してあまり知識を持ち合わせていない場合や調査テーマが大きく漠然としているといった場合には，大きな視点から調べていく方が間違った方向性へ向かうリスクが少なくなります。

たとえば，「在日外国人」のことについて調べるとしましょう。この場合，「在日外国人」というテーマは大きな題材であり，実際にどのようなデータがあり，そのうちのどれを活用すればよいのか，調査の初期段階では具体的に思い浮かばないですね。そういった場合には，まず日本で外国人の情報を取りまとめているのはどこなのかを調べます。

「在日外国人」とは，海外から日本に入って居住する人々のことを指しますので，まずは日本に出入りする人の管理を行なっている機関が何処かを知ることが先決です。この場合は，入国管理局です。そうしたら，次の段階で入国管理局にはどんな調査項目があるのかを調べてみましょう。それぞれの調査項目にアクセスすると，更に具体的な統計データに到達することが可能です。このようにして大きなところから小さなところへ徐々に絞り込んでいくこ

とで，必要な情報に辿り着くことができます。各機関には数多くの調査データが存在するので，思わぬ収穫に出会えるのも1つの楽しみです。

一方で，既に具体的に調べるべき項目が明確な場合もあります。たとえば，「日本の失業率」について調べると仮定します。このように調べる項目が非常に限定されている場合には，データの名称をそのままデータベースに入力するだけで，ピンポイントに統計データにアクセスすることが可能です。

世の中に星の数ほど情報は溢れていますが，このように調べる目的，情報源，そして調べる方法を心得ていると，誰でもよりスムーズに欲しい情報に辿り着くことができます。グローバル化が加速する社会の中で，ヒト・モノ・カネに加え，「情報」はとても重要な「資源」です。特に「情報」は，世の中を知る上での大切な判断材料でもあります。ぜひみなさんもこの章を通して「情報」となかよくなるコツをつかんでください。

●コラム：出典を明記しよう

この章で学んだように，現在では，多くの統計資料をインターネット上で入手することができます。これらの統計資料をそのまま，あるいは加工してレポートや論文に掲載する際には，「出典＝資料の出所」を明記するようにしましょう。具体的には，まず，資料を作成・公開している機関名，資料の公開年，資料の名称，URL，あなたがその資料にアクセスした年月日などを記して，機関名の50音順（もしくはアルファベット順）に並べます。そして，こうして作成した資料のリストをレポート・論文の最後に載せるのです。

また，個々のグラフや表がどの資料に基づいているのかがはっきりとわかるように，図表の下などに，たとえば「法務省（2013）」と記す必要があります。この場合は，「この図は，法務省が2013年に公開した資料です。資料の名称など詳しい情報については，レポートの最後に掲載している資料のリストを見てください」ということを意味しています。もともとの統計資料を加工して図表を作成した場合には，「法務省（2013）を元に作成」「法務省（2013）を一部改変」などと記すのが一般的です。ついでに言えば，図表には，出典を明記するだけでなく，通し番号と見出しもつけるようにしましょう。

いうまでもなく，出典を明記するのは，統計資料だけに限られたことではありません。その他の文献資料などについても，レポート・論文の本文で言及したものについては，かならず出典を示すというクセをつけておくとよいと思います。なお，出典や文献リストの記述の仕方には，個々の分野によって独自の「作法」があります。実際に，授業の課題でレポート・論文を書く際には，こうした「作法」について，先生に確認してみてください。きっと先生は，ていねいに説明してくれますよ。

04 情報の加工と読み方
: グラフの種類と演習

04-01　情報のグラフ化

　情報探しが終わったら，次のステップはそれを「提示」することですね。しかし，探した情報をそのまま提示するだけでは価値が半減してしまうことをみなさんはご存知ですか？ 特にデータは，そのまま数値として提示をしても，受け手にとっては一体何を伝えたいのかわかりづらいものです。そこで，データがもつ意味をよりわかりやすい形で伝えられるよう，少し加工をする必要があります。

> 簡単にいえば，表やグラフにして一目で何を伝えようとしているのかをわかる形にするということです。

　特にグラフ化する際には，さまざまな点に気をつけなければなりません。なぜなら，どんなグラフにするかによって受け手の理解が大きく左右されるからです。

　みなさんなら，きっと自分の伝えたいことを一番効果的なグラフで伝えたいと考えられるのではないかと思います。しかし，ここでも「どうすればよいのか？」という壁にぶつかってしまいますね。その疑問を解消するためには，まず各グラフの特性を理解することが重要です。それぞれのグラフにはどんな特徴があり，どんな表現に向いているのか，ぜひ一緒に勉強してみましょう。

❶ 棒グラフ

　棒グラフは，みなさんにとって一番馴染みのあるグラフではないでしょうか？　とてもわかりやすいので，ついつい何でも棒グラフに頼ってしまいがちですが，実は棒グラフにも得意・不得意があります。棒グラフは，何よりも「推移」・少ない系列での「比較」・「順位」を示すのに適したグラフです。棒グラフには「単純棒グラフ」と「積み上げ棒グラフ」があります。「単純棒グラフ」の場合，縦棒グラフ（図4-1）は時系列データを表示する場合に適しており，横棒グラフ（図4-2）はデータの昇順・降順を示すのに使うのが一般的です。グラフの例を見ると一目瞭然ですね。

　また，「積み上げ棒グラフ」には，項目内の各要素の量と積み上げた全体量の推移をみる「積み上げ棒グラフ（図4-3）」と項目全体を100%とし，各要素が項目全体に対して，どの位の割合があるのかを比較するのに適している「百分率の積み上げ棒グラフ（図4-4）」があります。同じデータでも数値そのものの推移と割合の推移では，意味合いが大きく変わることもあります。同じ棒グラフでもいろいろな種類と適した使い方がありますので，ぜひ1つの表現にこだわらず，違う視点からの見方にもチャレンジしてみましょう。

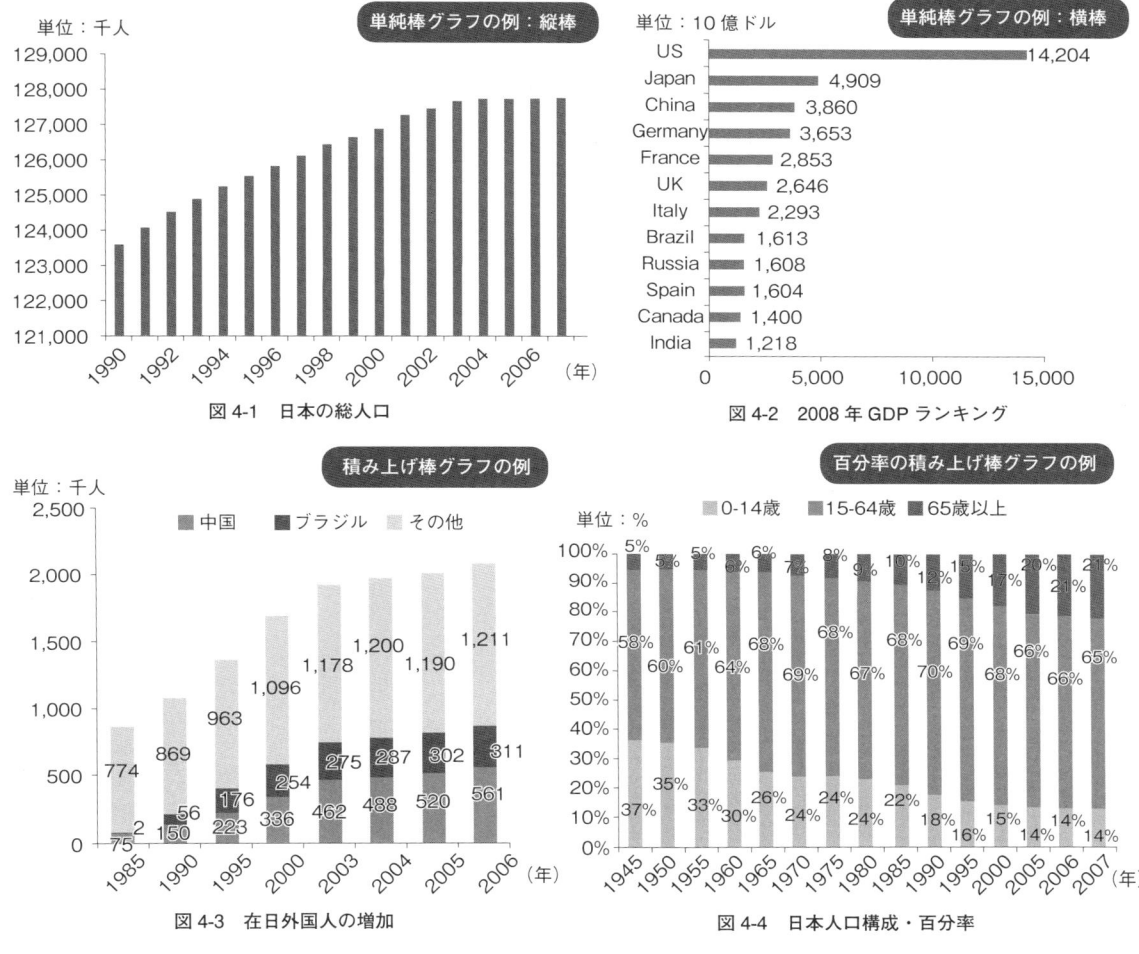

図 4-1　日本の総人口

図 4-2　2008 年 GDP ランキング

図 4-3　在日外国人の増加

図 4-4　日本人口構成・百分率

❷ 折れ線グラフ

棒グラフと同じくみなさんにとって親近感のあるグラフではないでしょうか。折れ線グラフは，特にデータの「変化」あるいは「変曲点」を見るのに適しているグラフです（図4-5）。データの推移を折れ線で表現していることから，変化を示す箇所が非常に明確に表れるため，その変化を発見することで，背後にある原因や要因を調べる足がかりになります。

折れ線グラフは，1つの項目に対して複数の系列で比較を行いたい場合にも大変適しています。特にデータ系列が多くなってしまうと，棒グラフでは煩雑になって見づらくなってしまう場合にも，折れ線グラフは問題なく表現することが可能です（図4-6）。

また，「指数」の推移といった，何かを基準として複数の系列の変化や推移をみる場合にも，折れ線グラフは優れています。たとえば，図4-7のグラフのように2000年の数値を基準値の「100」とし，それぞれの国のその後の推移が基準値からどのように変動しているかを

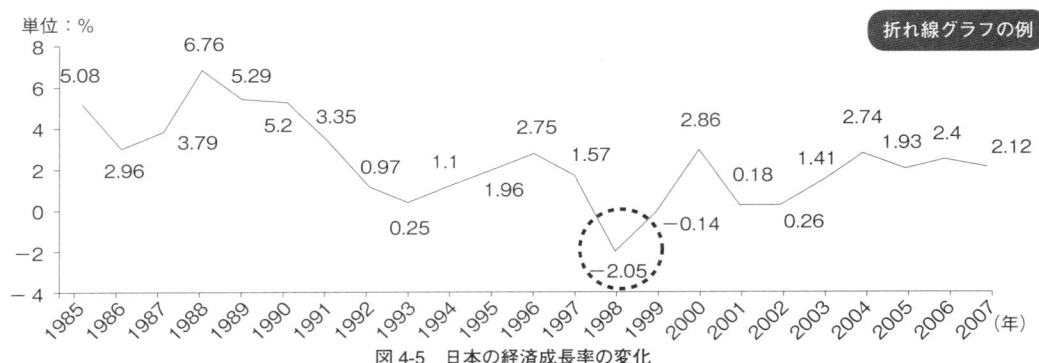

図4-5 日本の経済成長率の変化

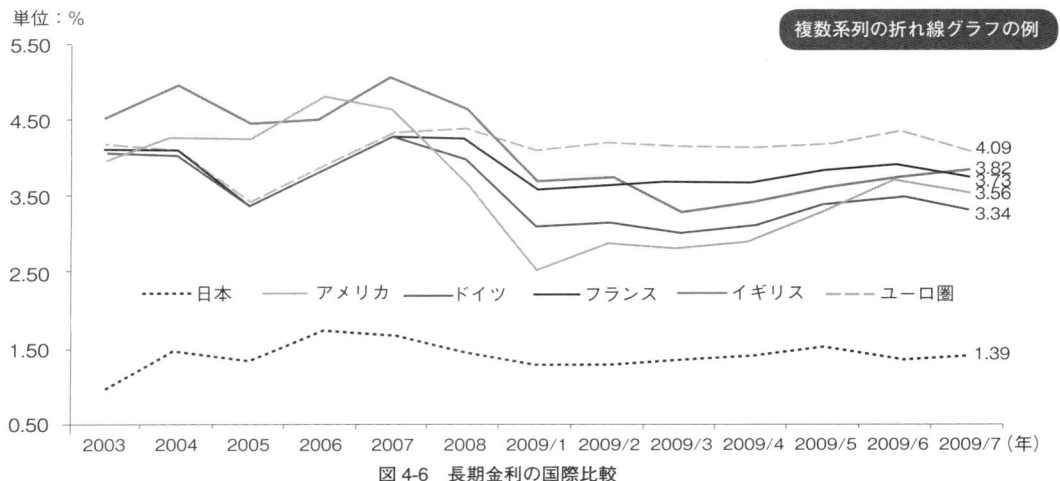

図4-6 長期金利の国際比較

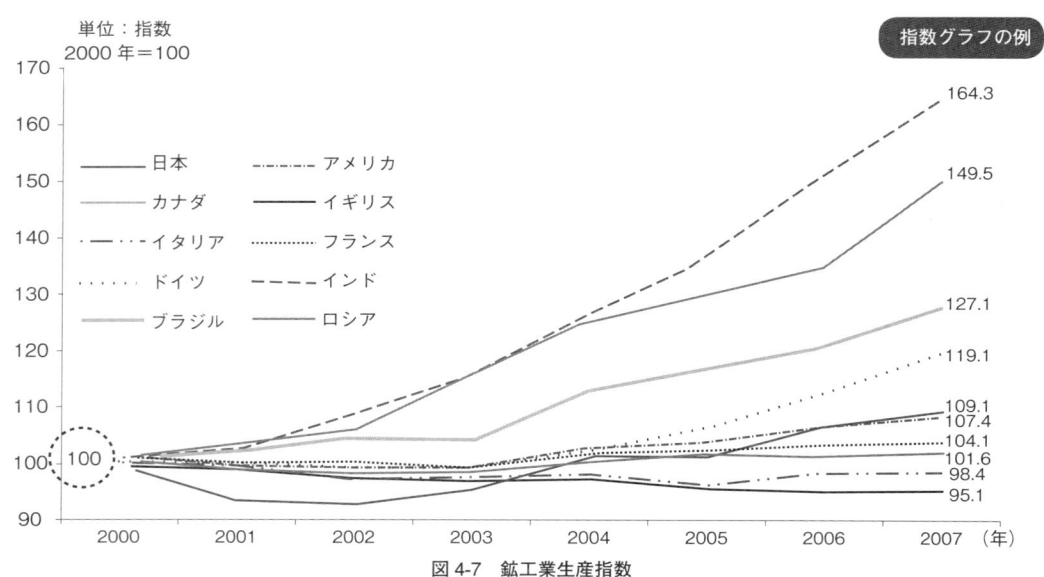

図4-7 鉱工業生産指数

表しているグラフを「指数グラフ」と呼びます。このグラフの大きな特徴としては、それぞれの国の通貨や水準といった、通常ならば基準が異なる変数同士では比較が不可能な場合でも、基準値を設置して、そこを基準とした「指数」を活用することで比較が困難な変数同士の変化でも比較することが可能になる点です。統計データの中にもいろいろな指数があるので、ぜひそうした数値を活用して、指数グラフの作成にも挑戦してみてください。

❸ 円グラフ

円グラフも日常よく目にするグラフですね。円グラフは、ある項目の「構成比」を見るのに大変役立つグラフです。1つの円で完結するため、見た目にも理解しやすいのが大きな特徴です。一見単純に思われがちな円グラフですが、下の例のように表現の工夫次第では「多重円グラフ」や割合の大きな部分を分解する「補助棒付き円グラフ」と組み合わせるなど、いろいろなバリエーションを作ることが可能です。

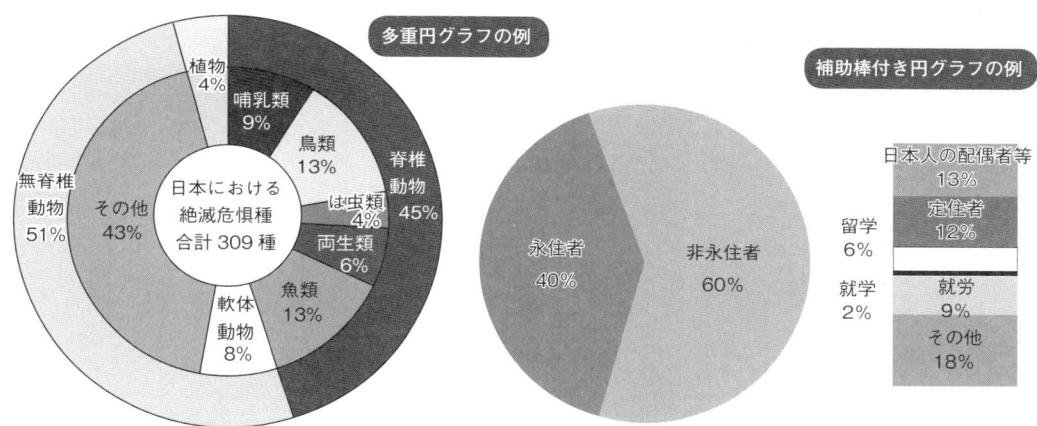

図 4-8　日本における絶滅危惧種　　　　図 4-9　日本における在留資格別外国人登録者内訳（2007 年）

しかし、円グラフには1つ欠点があります。たとえば、次の3つのグラフのように横に並べて同じ項目の比較をすることが困難です。

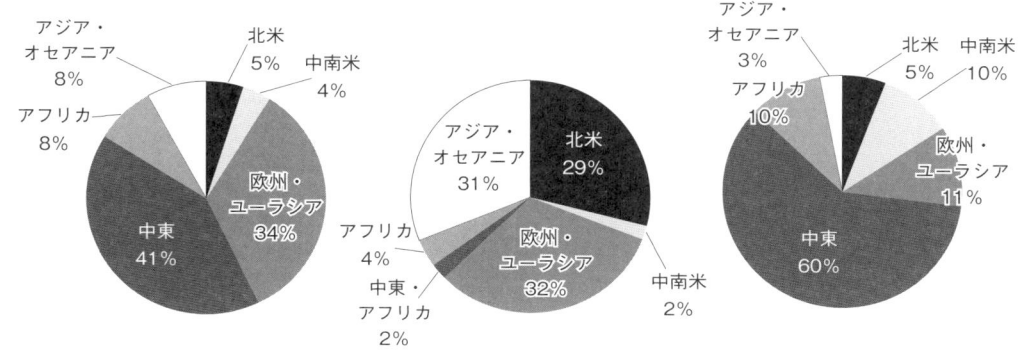

図 4-10　比較が困難な円グラフの例

円グラフを数多く同列に並べてしまうと，どの項目がどれくらい変化したのかが読み取りづらいため，このように同じ項目を比較したい場合には，積み上げ棒グラフの方を活用しましょう。

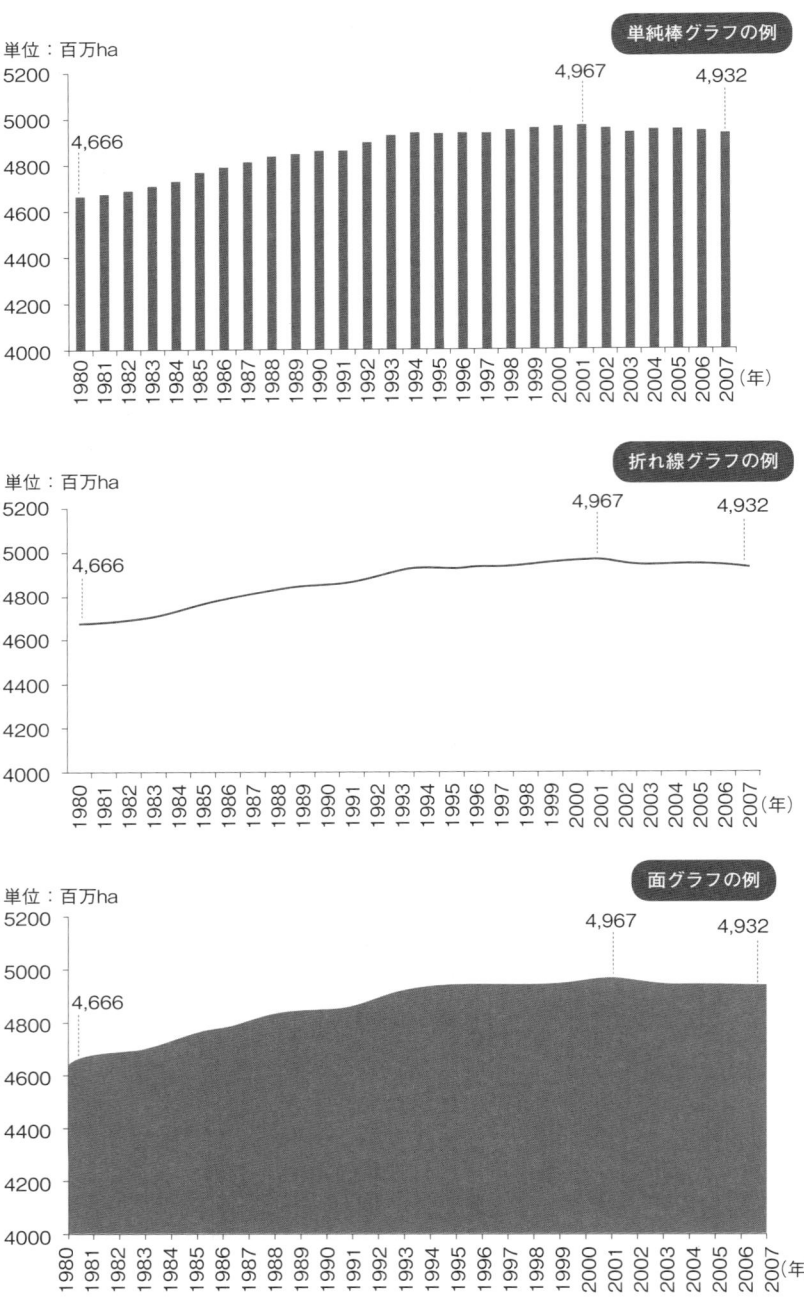

図 4-11　世界の農耕地面積の推移

❹ 面グラフ

さて次は「面グラフ」ですが，みなさんにとっては，さほどなじみがないのではないかと思います。「面グラフ」は，時系列データの時間経過による変化の量を強調することが可能なグラフです。たとえば，前ページのように同じデータを単純棒グラフと折れ線グラフで作成した場合を比べるとその差がよくわかります。

また，面グラフは「積み上げ面グラフ」と「百分率積み上げ面グラフ」も作成することができます。特に時間経過による全体の量的推移や項目ごとの値の増減傾向を強調して表現することに優れています。左の図4-11の例のように「農耕地面積」といった項目のデータ推移をみる場合にも，棒グラフや折れ線グラフよりは，より土地面積の増減をうまく表現できるのではないかと思います。

このようにデータの内容も鑑みながら，表現の適しているグラフを選択するだけで，受け手の印象もだいぶ変わってきます。

❺ 散布図

「散布図」も，あまり親近感が湧かない人が多いかもしれません。このグラフは，2つの数字に「相関関係」があるかどうかを見るグラフです。相関関係は，統計用語の1つで「相関係数」によって表されます。相関係数は，2つの確率変数の類似性の度合いを示した数字で，簡単に言うと，一方の数が変化するとき，他方もそれに応じてどの程度変化する関係にあるのかをみるための指標です。

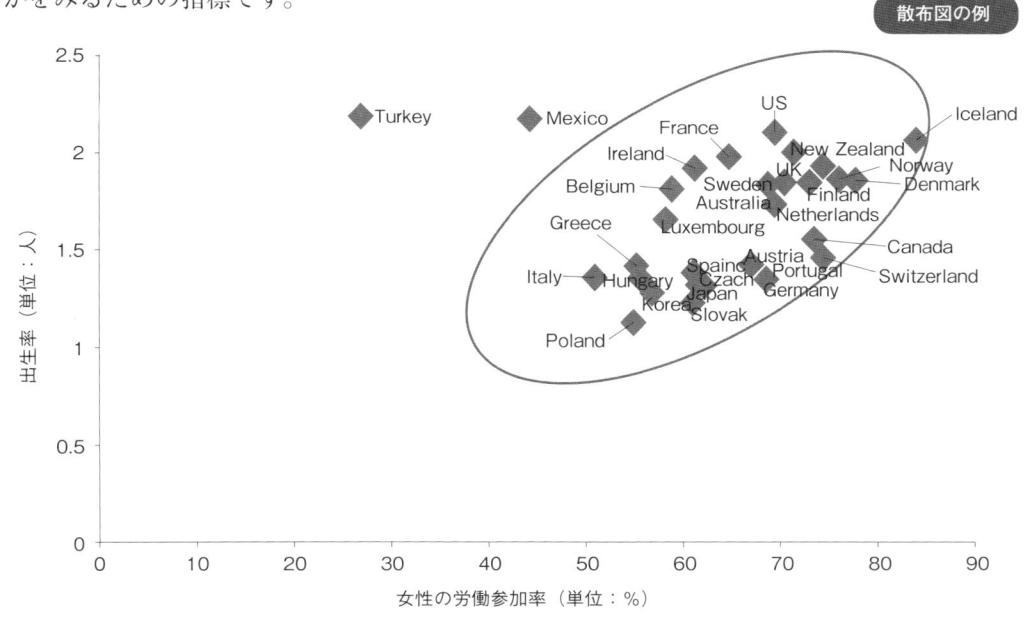

図4-12　OECD諸国の女性労働率と出生率の相関

2つの変数に相関関係のある場合は、上のグラフのようにデータが集まります。この集まりが右上がりの時は「正の相関」、逆の場合には「負の相関」となります。「正の相関」とは、上のグラフのようにX軸の変数が増加するとY軸の変数も増加するものを指します。逆に「負の相関」とは、Xが増加するとYは減少するものを指します。相関関係を表す「相関係数」は、「-1」から「1」の間をとり、「-1」だと完全な負の相関となり、「1」だと完全な正の相関となります。「0」に近づくにつれて相関関係は薄れ、「0」となった場合には、相関関係がないと結論付けられます。

　図4-12のグラフのように異なる2つの変数に相関関係があるかどうかを見るのに便利な指標ですので、ぜひ変数同士の関係性を調べる時に活用をしてみてください。

❻ レーダーグラフ

　「レーダーグラフ」は、折れ線グラフの応用形です。複数の項目の量や大きさを測るためのグラフですが、蜘蛛の巣のような広がりで表現をしている点が特徴的です。特にデータの長所と短所を一目瞭然に表示できる点に優れています。単独のデータで表示も可能ですし、下のグラフのように、複数の分析対象のデータを複合させると、比較分析も可能です。

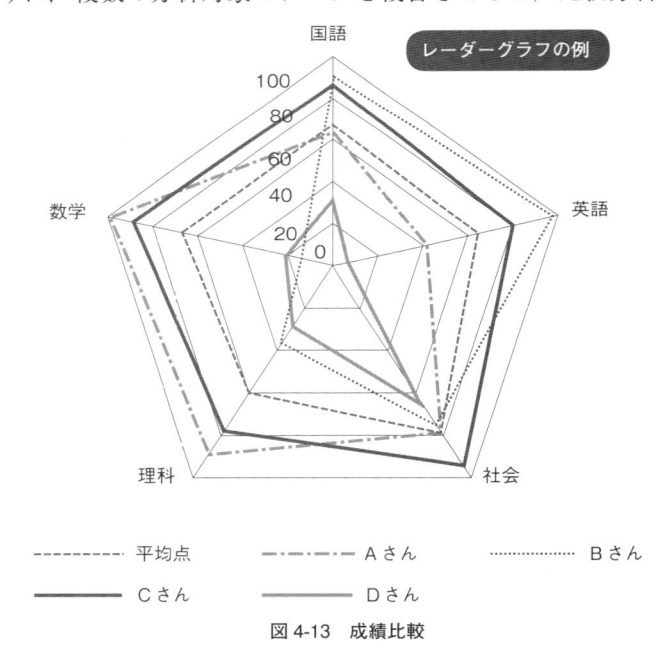

図4-13　成績比較

　このように、6つのパターンに分けてグラフの特徴を勉強してきましたが、データからグラフに加工する際に、一番重要なのは「受け手が理解しやすい」という点を重視することです。どんなに複雑ですばらしいグラフを描けたとしても、そのグラフが伝えたいメッセージが受け手に伝わらなければ、意味のないグラフになってしまいます。ぜひ、みなさんがグラ

フを作成される際には，伝える相手が誰なのか，そして伝えようとしている情報に対してどの程度の予備知識をもっているのかを念頭に置きながら，理解しやすいグラフを作成することを心がけてください。

04-02　情報の読み取り方

みなさんは，もうだいぶ情報に関する理解が深まってきたのではないかと思います。情報となかよくなるための最後のレッスンは「情報の読み取り方」です。

> 突然ですが，グラフを見るとき，みなさんならどんなところに気をつけますか？

何よりも，データが伝えようとしているメッセージをできるだけ正しく読み取りたいですね。ぜひ，グラフを見る際には，以下の点に留意しましょう。

❶ 母集団は何か？

「母集団」とは，私たちが調べている情報の調査対象となっている人や物の集団全体を指します。何を母集団として調査を行なっているかを把握することは，情報の性質を理解する上で，とても重要です。

❷ 対象の定義は何か？

調査対象の「定義」が何かを知ることも重要ですね。不特定多数の場合もあれば，性別の制限があったり，年齢層が設定されていたりする場合もあります。その定義をしっかりと確認することで，どんな属性を対象に調査を行なったのかがよくわかり，データを読み取る時により正確に分析をすることができます。

❸ 標本に偏りはないか？

標本とは，母集団から抽出された集団で，実際に調査が行われた対象を指します。この標本に年齢的，あるいは，性別的，あるいは何か特徴的な偏りがないかを確認しましょう。偏りがある場合には，その点に配慮した見方が必要となってきます。

特にアンケート調査などの場合には「n=」といった表現方法で数値が書かれている場合が多いですが，これは調査対象の母集団の中の「標本数」を指します。なお，「N=」は母集団を指します。

❹ 比較対象は適切か？

2つ以上の変数を比較するグラフの場合，それぞれ比較をする対象として適切かどうかを検討してみましょう。この作業は，グラフを読み取る時だけでなく，グラフを作成する時も大切です。比較対象として不適切だと感じた場合には，どの部分において不適切なのかを明らかにし，必要であれば，より適切な変数との比較も提示してみましょう。

❺ 相関関係と因果関係は？

「相関関係」（☞ 23-24 頁）と「因果関係」はよく混同されますが，実は違う意味をもちます。前者は，2つの変数の密接なつながりを示す場合を指します。たとえば，1つの変数が変化をすれば，もう1つの変数も変化をするといった関係性です。後者は，2つの変数が原因と結果のつながりにあることを意味します。前者の「相関関係」については，23頁の❺散布図の項目をご参照ください。

また，本章ではグラフの特徴を学びましたが，実はそこにも情報の読み取り方のヒントがたくさん隠されています。特に折れ線グラフのところでは「変化」に注目をすることが重要だと述べましたが，まずはグラフをじっと眺めて，何か他の部分とは違うところを発見してみてください。もし，見つからなければ「変化をしない」というのも1つのメッセージになります。つまり，情報の1つひとつには，必ず何かしら意味があるということです。それを長期の時系列で見たり，あるいは，項目内の内訳を細分化してみたり，いろいろな分析の視点をもって情報を加工することで，私たちはその情報がもっている意味を探し出そうとしているのです。

特に加工したデータから「変化」を発見した場合には，必ず「なぜ変化をしたのか？」という疑問をもちましょう。そして，その疑問を解決するためにどんな要因があるのかを考えてみましょう。可能性のある要因を1つずつ調べていくと，必ずその背景が見えてきます。そして，読み取った要因や背景を1つひとつ積み上げると，調べているテーマに必要な要素が揃ってきます。その要素を集めて，そこからどんなことが言えるかをまとめていくことが情報分析という作業につながっていくのです。

さて，ここまで情報となかよくなるための秘訣をいろいろと述べてきましたが，実践してみないと実感がわかないのが正直なところですね。そして，ここまで読まれた方は，もう情報となかよくなる準備が整ったのではないかと思います。次の章からは，ライフサイクル論に沿ったさまざまなデータがみなさんを待っていますので，思う存分，データ分析の楽しさを満喫してください。

Part II　データでみる多文化社会

05　移民の人生：ライフサイクルに寄り添う

06　日本の多文化社会化：戦後日本における「外国人」の増加

07　生まれる：人口爆発と少子化

08　ともに家庭をつくる：国際結婚と「ダブル」の子どもたちの増加

09　ともに子どもを育てる：外国籍児童の就学傾向

10　ともに学ぶ：日本で学ぶ留学生の就学実態と進路

11　ともに働く：外国人の労働の状況と傾向

12　ともに住まう：外国人には厳しい住環境

13　ともに街をつくる：まちづくりと助け合い，観光客の減少

14　ともに老後を支えあう：高齢者支援の現場・介護

15　ともに弔い・祈る：宗教施設・葬儀・墓地・埋葬

05

移民の人生
：ライフサイクルに寄り添う

05-01 「移民を受け入れる」とはどういうことか？

「移民を受け入れる，ってどんなこと？」
「そもそも日本には移民がいるの？」
「移民という言葉はふだん使っていないよね」
「でもよく考えると親せきには国際結婚をしている人が増えたな～」
「それに留学生も卒業後，帰国しないで，日本で就職する人が多くなったね」

　日本が移民を受け入れるということは，どんな実態を伴うのでしょう。
　外国人の受入れは一時的なものではなく，定住化，永住化の流れは顕著になりました。戦後，日本は一貫して「移民」を受け入れない法制度をもってきたのです。「永住」を目的とする外国人の入国を認めておらず，在留資格に「移民」という項目がありません。にもかかわらず実態は「移民を受け入れている」のです。
　そこで，「移民の人生と共に生きる」という基本的な考えが生まれました。
　私たちの人生は移民の人生とともにあるということをご一緒に考えてみませんか。外国人登録者数は，80年代以降，急増を続け2011年には約220万人に上っており，定住者・永住者が増え，日本国籍を取得する人も増えました。国際結婚の婚姻件数は確実に増えています。
　あなたにとっても「隣の外国人」は過去のことであり，多文化・多国籍な人々との親密な関係性が日常化し，「ダーリンは外国人」「身内の外国人」となるかもしれません。どこの家庭も「我が家は，多文化家族ですよ」と笑いがこぼれます。日本で妊娠・出産を経験する人も多く，日本で生まれた二世・三世たちも成長しています。「外国系」と呼ばれる子どもたちが7割を占める保育園も出現しているのです。日本社会は，すでに多文化化・多国籍化を自ら体験しています。
　かつてアイデンティティ[1]という用語を学術用語として定着させたE. H. エリクソンは，アイデンティティを，生から死への生涯を通した心理社会的な発達として捉えました。つまり乳児期，幼児期，幼児期初期，学童期，青年期，成人期初期，成人期後期，老年期という「人生の時間軸」において分析したのです。
　本書は，人生の時間軸を援用して，グローバル化の時代の統計資料を複眼的に読み解くことにしました。人の移動と多文化社会の変容を，単に国籍別，在留資格別，地域別といった視角だけでなく，そこにライフサイクル（人生周期）の視座を重ね合わせていくのです。つまり複数の視角を重ね合わせることによって，1人ひとりの人間が，学び，住まい，働き，地域を創ることなど複数のアイデンティティをもって生活している様子を想像し把握すること

---

[1] アイデンティティとは，自分は何者であるかについて自分が抱いているイメージ，信念，感情，評価などの総体で，「わたし」を「わたし」以外から区別するすべての特徴を含んでいる（箕浦，1995：19）。

ができるようになります。そこには人間発達を遂げながら次世代への継続性をもってつながっている家族の広がりを感じることができます。そして誰しも病気になったり，年老いたり他者のケアを必要とし，生老病死は避けられないこともみえてきます。

05-02　移民の人生をトータルで考える

筆者は，近年「多文化共生」を標榜(ひょうぼう)する多くの自治体から「多文化共生施策」について相談を受けてきました。地域の人口統計資料をご持参くださり，外国人の増加が顕著であることに実は「頭を抱えている」自治体が多いのです。

「お互いの文化を尊重し，差別や偏見のない社会を創るにはどうしたらいいのでしょう」という質問を多くの自治体の方々から受けてきました。

そこで，移民の人生をトータルで考えることを提案しました。つまり妊娠・出産から葬儀・お墓の心配をし，「次世代につながる多文化共生社会の実現」を考える自治体を目指すことです。地域の葛藤や軋轢(あつれき)の経験を活かして，長い人生をともに生きるという発想に変えると，多元価値社会を経済発展や地域の活性化につなげる発想に転換することができます。「ゴミ出し」「防災訓練」「日本語教育」といった課題も，そこに「移民の人生」という視点が加わることによって，やっかいな問題ではなく，互恵的な社会の創造に変えることができます。統計資料の数値の中に，あるいは裏に，深く込められている移民の人生へのあたたかい眼差しが大切です。

すると次の突っ込み質問が飛んできます。

> 「では，移民の人生と寄り添う視点はどんなメリットがあるのですか？」

05-03　ライフサイクルの視点から考える5つの有効性

ライフサイクルの視点から考えることの有効性は，次の5つの点に集約されます。

まず，第1にライフサイクルの視座の有効性は，格差社会の分断を防ぎ，社会統合の礎となります。人生に寄り添うことは，相互の顔が見える親密な関係性を生み出すことができるからです。数値に表れる貧富の格差，学歴の格差，民族の格差，障害の有無，国籍の有無，年齢差などによる社会の分断は，愕然(がくぜん)とするものがあります。まず多元価値社会での社会統合の視座が最重要課題であることを認識することできること，それは学問の領域を広げ，他者の人生への共感は大きな進歩の出発点なのです。

第2に，移民政策の長期的展望を可能にします。多文化共生社会の構築には，多大なエネルギーと共生コストが必要になることが数値からも読み取れます。ライフサイクルの長期的検証によって地域社会にとってそれらの予算やエネルギーは，将来への「投資」と捉えることができるでしょうか。それがポイントです。それぞれの地域の特性を生かして，無理のない仕組みを考えていけば，将来への「投資」となることが説得力をもって説明できることが，移民受け入れの基盤であるのです。ライフサイクルの視座は，あらゆる人に重要です。日本に生きるすべて人々にあてはまる視点なのです。

　第3に，トランスナショナルな社会空間における学際的分析を可能にすることが挙げられます。数値は地域の歴史とともに歩んできました。地域史を掘り起こしてみましょう。多文化社会の形成に一助した歴史的人物のアイデンティティを浮き彫りにし，地域史，家族史の見直しは，トランス・カルチュラル，トランスナショナルな地域を生成と形成過程を知ることによって住民全体のコンセンサスを得ることができます。またライフサイクルの視座は，トランスディシプリナリーな学問分野に有効であり，さまざまな分野の研究者を多文化共生型まちづくりの推進に包摂することができます。

　第4に，ライフサイクルは「生」と「死」という普遍性と差異への喚起をもたらします。ライフサイクル論は「生」と「死」という普遍性を包摂し，人間は人と人の間を生きています。それぞれの人生観，死生観などが濃厚に表出されるのです。

　そして次世代につなぐ人生周期の視座をもつことができます。人生を統合する視座は，日本社会を統合する視座を拓くことになります。

　第5にライフサイクルは日本人の多様性と家庭内の多文化化を浮き彫りにします。

多文化空間における多文化意識の醸成があり，民族や人種概念を超えて，人間の本質と普遍性を可視化することが，排除から包摂への転機となります。こうした経験は，国民国家における「外国人」対「日本人」という二項対立からの解放をもたらします。はじめて異種混淆性（いしゅこんこうせい）という言葉の概念が浮き彫りになってきます。「損得勘定」にとらわれる国益偏重の統計数値ではなくなってくるのです。

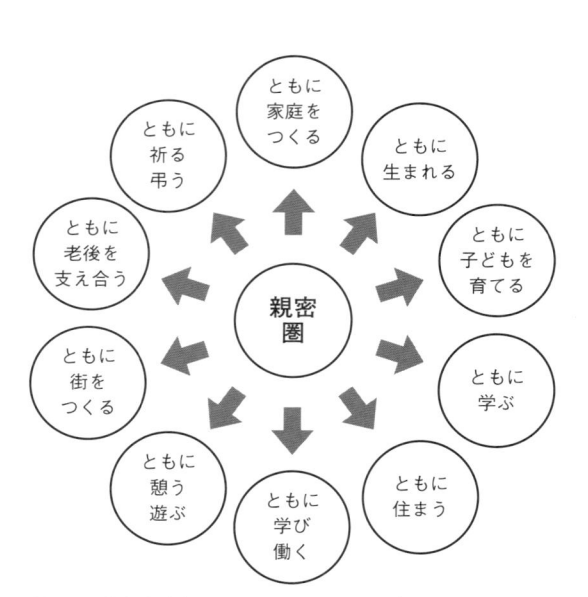

図5-1　多文化社会とライフサイクルのモデル（筆者作成）

親密圏を中心に：ともに家庭をつくる／ともに生まれる／ともに子どもを育てる／ともに学ぶ／ともに住まう／ともに学び働く／ともに憩う遊ぶ／ともに街をつくる／ともに老後を支え合う／ともに祈る弔う

06 日本の多文化社会化

：戦後日本における「外国人」の増加

06-01 国境を越える人口移動からみる多文化社会化

日本の多文化社会化について知りたいとき,何から調べるとよいでしょうか。

> きっとみなさんが最初に思いつくのは,「外国から日本にやって来る人の数」ではないでしょうか。

外国から日本にやって来る人たちは,どのような国や地域から,どのような目的で来日するのでしょう。また,そのなかで,日本の多文化社会化に大きな影響を与えていると思われるのは,どのような人たちでしょうか。先を急ぐ前に,まずは「出入国管理統計」から,日本における外国人の入国者数の推移を見てみましょう。

【出入国管理統計】　出入国管理統計とは,日本から出国する人の数と日本に入国する人の数について,法務省入国管理局が国籍別,男女別,目的別,資格別,都道府県別などの項目で調査を行なっている統計です。近年のデータについては,法務省のホームページや,政府統計の総合窓口である「e-stat」からエクセルデータを取得することが可能です。なお,1972年の「沖縄復帰」までのデータは,沖縄と日本本土の間を往来する人の数を含んでいます。

【出入国者数】　日本の多文化社会化について理解するためには,まずは日本の国境を越える人々の移動の実態を把握することが重要です。年間,どの位の数の外国人が日本を訪れているのでしょうか。また,どの位の数の日本人が海外に出かけているのでしょうか。これらの疑問に答えてくれるのが,「出入国者数」です。出入国管理統計では,出入国者は大きく「日本人」「外国人」「協定該当者」の3つのカテゴリーに区分されます。このうち「協定該当者」とは,アメリカの軍人・軍属とその家族のなかで,軍艦や軍用機によらずに日本へ出入国した人々のことを指します。ここでは外国人の入国者数の推移のみを取り上げましたが,ぜひ,協定該当者の入国者数の推移なども調べてみてください。

● 分析の視点:データを読み解く

図6-1からどのようなことを読み取ることができるでしょうか。まずは,外国人入国者数(以下,入国者数)の推移を丹念にたどってみましょう。

1950年の日本における入国者数は1万8,000人ほどでした。その後,入国者数は激増し,1978年には100万人を突破,そして,それからわずか6年後の1984年には200万人を突破しました。さらに1980年代後半に入国者数は急増し,1990年には350万人を越えました。その後,1993年から1995年にかけて入国者数は漸減していますが,1996年から再び増加に

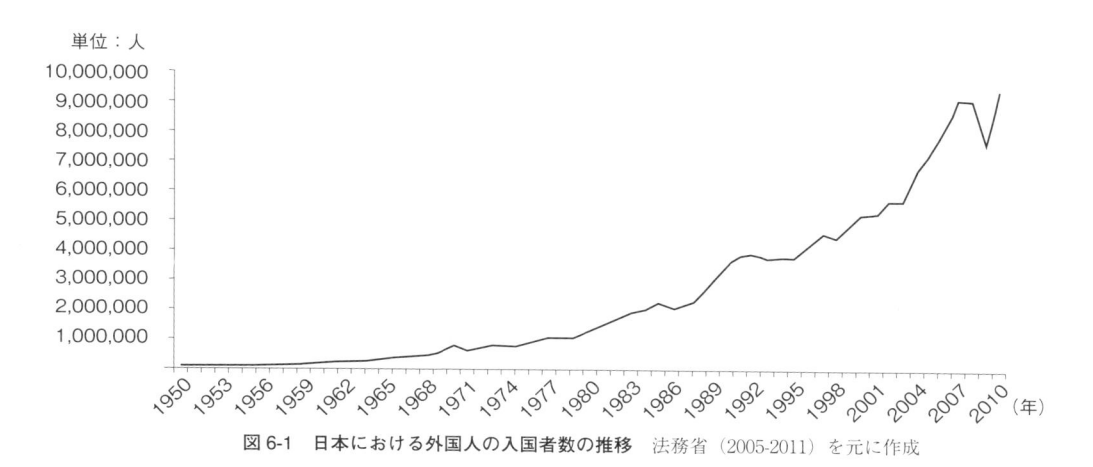

図6-1 日本における外国人の入国者数の推移　法務省（2005-2011）を元に作成

転じ、さらに2004年以降、大幅に増加していますね。2003年の入国者数は約573万人でしたが、翌2004年には約676万人と一気に100万人以上も増え、2007年には約915万人にまで増えています。2009年に入国者数は急激な落ち込みを見せますが、2010年には、いわば「V字型回復」をとげ、過去最高の944万3,696人を記録しています。

グラフをたどると、過去60年間に日本における外国人入国者数は大幅に増加したことが改めてわかります。60年間で500倍以上も増加しているのです。ただ、上で述べたように、細かく見れば、入国者数が急増した時期もあれば、減少した時期もあったことがわかります。ぜひ、自分なりに「第1期、第2期……」と時期区分をして、それぞれの時期の社会背景を考えてみてください。このように統計データを丹念に見ていくことによって、「グローバル化」といった概念だけでは説明しつくせない社会現象の動態を浮き彫りにすることができるのです。

06-02　外国人登録者数の推移からみる多文化社会化

日本の多文化社会化について知りたいときに、次にみなさんが気になるデータは何でしょうか。

> きっと、日本を「訪れる」外国人の数だけでなく、日本に「暮らしている」外国人の数を知りたいと思うのではないでしょうか。

過去60年間に、日本に暮らす外国人の人口が増えてきたことは容易に想像がつくと思います。では、日本に暮らす外国人人口の推移は、先ほど見た入国者数の推移と同じようなパターンをたどっているでしょうか。「登録外国人統計」から、日本における外国人登録者数の

推移を見てみましょう。また、外国人登録者の主な出身国・地域の変遷もあわせて見てみましょう。

【登録外国人統計】　「登録外国人統計」は、法務省入国管理局が、日本に滞在する外国人登録者を対象に行なっている調査統計です。外国人登録者の出身地別、在留資格別、男女別、滞在都道府県別の人口などを調べることができます。出入国管理統計と同様に、法務省のホームページや「e-stat」からデータを取得することが可能です。

【外国人登録法】　外国人登録法は、日本に滞在する外国人の居住や身分関係を明確にして、在留外国人を公正に「管理」することを主な目的とする法律です。1952年に施行され、長らく日本における在留外国人に関する基本法の1つとなってきました。同法は、日本に90日以上滞在する外国人、もしくは出生などの理由により日本で外国人となった人で60日を超えて日本に在留する人に、居住地の市区町村役場での登録を義務づけていました。2012年、新しい在留管理制度の導入に伴って、外国人登録法は廃止されました。

● 分析の視点❶：2つのグラフを見比べる

　1950年には約60万人だった外国人登録者数は、2010年の時点でその3.6倍の約213万人に増加しています（図6-2）。同じ期間に外国人入国者数が500倍以上も増えたことを考えるならば、過去60年間の日本の外国人登録者数はそれほど増加していないという見方もできるかもしれません。ただ、そうはいっても213万人といえば、47都道府県中16位の人口を有する長野県（2010年現在、約215万人）に匹敵する規模です。ぜひ、外国人入国者数の推移のグラフを見たときと同様に、外国人登録者数の推移を丹念にたどってみてください。そして、この2つのグラフの変化のパターンをじっくりと見比べてみましょう。

　なお日本には、外国人登録者としてはカウントされないけれども、外国の国籍をもつ人たちが大勢暮らしています。たとえば、在留資格が「外交」「公用」の人や米軍関係者は、外国

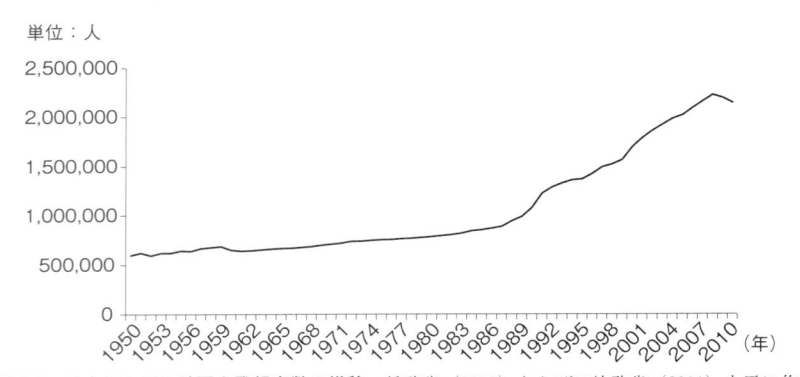

図6-2　日本における外国人登録者数の推移　総務省（2010）ならびに法務省（2011）を元に作成

人登録をする必要がありません。したがって、外国人登録者数だけを見れば、日本に暮らす外国人の人口がわかるというわけではありません（なかには外国人登録を残したまま、日本への再入国の許可をとって母国に戻っている人もいます）。外国人登録者としてカウントされない外国人として、他にどんな人たちがいるか、考えてみてください。

● 分析の視点❷：オールドカマーとニューカマー

1980年代まで、日本の外国人登録者の大半は韓国・朝鮮籍の人々でした（表6-1）。ここで「朝鮮」というのは、「朝鮮民主主義人民共和国」を指しているのではありません。第2次世界大戦後の日本では、旧植民地である朝鮮の出身者に対して「朝鮮」という表記を適用した

表6-1 日本における国籍別外国人登録者数の推移 総務省（2010）ならびに法務省（2011）を元に作成

単位：人

年	総数	中国[1)]	韓国・朝鮮	ブラジル	フィリピン	ペルー	アメリカ
1950	598,696	40,481	544,903	169	367	178	4,962
1955	641,482	43,865	577,682	361	435	53	8,566
1960	650,566	45,535	581,257	240	390	40	11,594
1965	665,989	49,418	583,537	366	539	88	15,915
1970	708,458	51,481	614,202	891	932	134	19,045
1975	751,842	48,728	647,156	1,418	3,035	308	21,976
1980	782,910	52,896	664,536	1,492	5,547	348	22,401
1985	850,612	74,924	683,313	1,955	12,261	480	29,044
1990	1,075,317	150,339	687,940	56,429	49,092	10,279	38,364
1995	1,362,371	222,991	666,376	176,440	74,297	36,269	43,198
2000	1,686,444	335,575	635,269	254,394	144,871	46,171	44,856
2005	2,011,555	519,561	598,687	302,080	187,261	57,728	49,390
2010	2,134,151	687,156	565,989	230,552	210,181	54,636	50,667

年	ベトナム	タイ	インドネシア	イギリス	その他	無国籍
1950	25	73	257	1,115	5,345	821
1955	48	150	284	1,597	7,605	836
1960	57	266	420	1,758	8,379	630
1965	169	704	1,026	2,238	11,402	587
1970	557	721	1,036	3,001	15,640	818
1975	1,041	1,046	1,119	4,051	19,288	2,676
1980	2,742	1,276	1,448	4,956	22,549	2,719
1985	4,126	2,642	1,704	6,792	31,389	1,982
1990	6,233	6,724	3,623	10,206	54,612	1,476
1995	9,099	16,035	6,956	12,485	96,399	1,826
2000	16,908	29,289	19,346	16,525	141,229	2,011
2005	28,932	37,703	25,097	17,494	185,857	1,765
2010	41,781	41,279	24,895	16,044	209,737	1,234

1) 台湾、香港およびマカオを含む

のです。しかしその後，1965年に日本と韓国の国交正常化が実現すると，外国人登録の表示を「韓国」に切り替える人が増えていきました。こうした経緯を経て，登録外国人統計では「韓国・朝鮮」というカテゴリーが用いられてきたわけです。

　1980年代後半以降，日本では，中国，ブラジル，フィリピン，ペルーという4カ国を中心に，さまざまな国籍の外国人登録者が増えてきました。これらの人々は，「オールドカマー（あるいはオールドタイマー）」と称される在日韓国・朝鮮人の人々に対して，しばしば「ニューカマー」と呼ばれます。なお，外国人登録者のなかには，いずれの国の国籍ももたない「無国籍」の人々が少なからずいる点にも注目していただきたいと思います。

●グローバルクイズ

①そもそも日本が「多文化社会化」するとはどういうことでしょうか。この章では日本を訪れたり，日本で暮らす外国人が増えてきたという点に注目しましたが，それ以外に，「多文化社会化」の要素として，どのようなことを考えることができるでしょうか。

②この本では，日本全体の統計データを多く取り上げています。けれども，みなさんも容易に想像できると思いますが，「多文化社会化」は日本全体で一様に進んでいるわけではありません。たとえば日本で外国人が暮らす地域には偏りがあります。みなさんが暮らす市区町村は，近隣の地域とくらべて外国人人口は多いでしょうか，それとも少ないでしょうか。なぜ，外国人が暮らす地域には偏りがあるのでしょうか。

●コラム：アメリカの国勢調査「センサス」

　日本の人口に関する基礎的なデータを把握するための統計調査として，国勢調査が5年に一度実施されていることはみなさんもご存じだと思います。海外の国々でも同様の調査は行われています。たとえばアメリカ合衆国では「センサス（census）」と呼ばれる国勢調査が10年に一度実施されています。

　センサスは1790年に始まり，200年以上の歴史を有しています（ちなみに日本の国勢調査が始まったのは1920年のことです）。日本の国勢調査とアメリカのセンサスを比較したときにまず目につくのは，後者には「人種（race）」を尋ねる質問項目があることだと思います。興味深いのは，この質問項目における人種の名称や分類の仕方が時代とともに変わってきている点です。センサスの結果だけではなく，こうした人種に関する質問項目の変化からもアメリカの多文化社会化のプロセスの一端を垣間見ることができると思います。今後，日本の多文化社会化が進むにつれて，国勢調査の質問項目も変わっていくかもしれません。

07

生まれる

：人口爆発と少子化

　新天地において新しい生命を身ごもることは，歓びと不安がつきまとう。
　母子保健が充実する中で，全身の力を振り絞って人間の誕生を迎えるとき，周囲の祝福は，多文化社会の第1歩となる。

07-01　2050年の日本と世界

　前章で見たように，日本に滞在する外国人の数は，近年，増加傾向にあります。しかし，これら在留外国人をふくむ日本の総人口は，今後，減少していくと予想されています。一方，世界全体に広く目を向ければ，世界の総人口は今後も増加していくことが予想されています。日本の多文化社会化について考える際には，このような日本や世界の人口の動向も押さえておく必要があります。まずは，2050年までの日本と世界の人口の将来推計を見てみましょう。
　2050年，あなたは何歳になりますか。そのとき，あなたのお子さんは何歳くらいでしょうか（もちろん想像で構いません）。

● 分析の視点 ❶：人口減少と超高齢社会

　2005年の国勢調査（☞38頁，64頁）の結果，日本の総人口が減少に転じたことが明らかになりました（図7-1）。第2次世界大戦終結後，日本の人口は一貫して増加してきましたが，戦後はじめて人口減少を経験することになったのです。2005年の日本の人口は約1億2800万人で，これは世界の国々のなかで第10位の人口規模です。けれども，国立社会保障・人口問題研究所の将来推計によれば，今後，日本の人口減少は加速していき，2050年には1億人を下回る見込みです（なお，図7-1で示されているのは，今後，日本における出生率と死亡率がともに「中位」であるという想定のもとでの推計です）。1億人といえば，ちょうど日本が高度経済成長のただなかにあった1960年代後半の頃と同じ人口規模です。ただ，1960年代後半と比べ

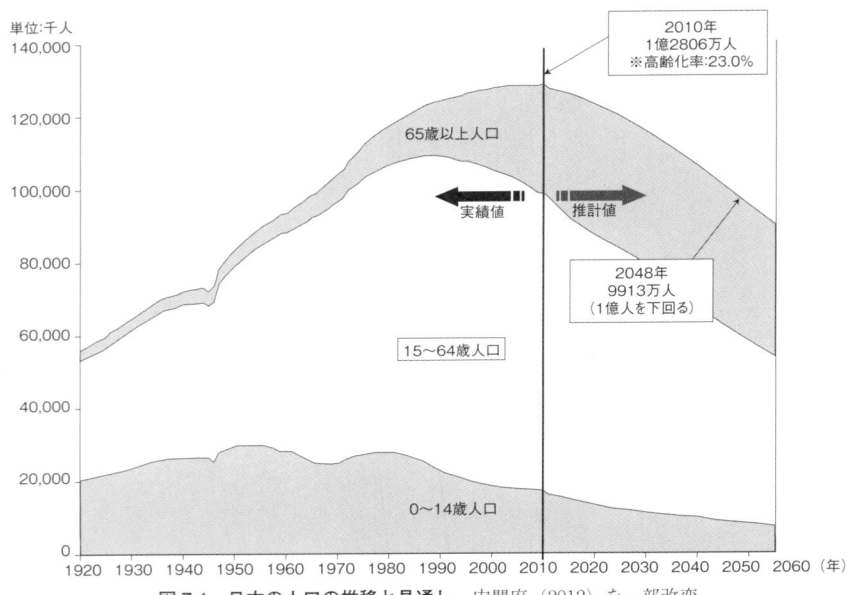

図7-1　日本の人口の推移と見通し　内閣府（2012）を一部改変

ると，2050年の日本の人口の年齢構成は大きく異なることが予想されます。2050年の日本は，総人口の約4割が65歳以上という超高齢社会になると予想されているのです。

【日本の将来推計人口】 日本の将来推計人口とは，日本における将来の出生，死亡，ならびに国際人口移動について仮定を設け，これらに基づいて将来の人口規模・人口構造の推移を推計したものです（推計の対象は，外国人を含めた日本に常住する総人口です）。この日本の将来推計人口を定期的に発表しているのが，国立社会保障・人口問題研究所です。同研究所は，日本の人口問題と社会保障に関する政策形成の基礎となる調査・研究を行なっている国立の研究機関です。ホームページでは，日本の将来推計人口以外にも，さまざまな人口統計資料を見ることができます。

● 分析の視点 ❷：先進国と途上国

人口減少や（超）高齢化という人口問題に直面している国々は日本だけではありません。国連の推計によれば，今後，多くの先進国で人口減少と高齢化が進むと考えられます。その一方で，発展途上国では，ますます人口が増えていくと予想されています（ここでいう「先進国」に含まれるのは，ヨーロッパ，アメリカ合衆国，カナダ，オーストラリア，ニュージーランド，そして日本です。これらの先進国以外の国々は「発展途上国」と位置づけられています）。

2010年の時点の世界の総人口は約69億人で，その8割以上が発展途上国に暮らしていますが，2045年には世界の総人口は90億人を突破し，発展途上国の人口の比重は一層高まっていく見込みです（図7-2）。

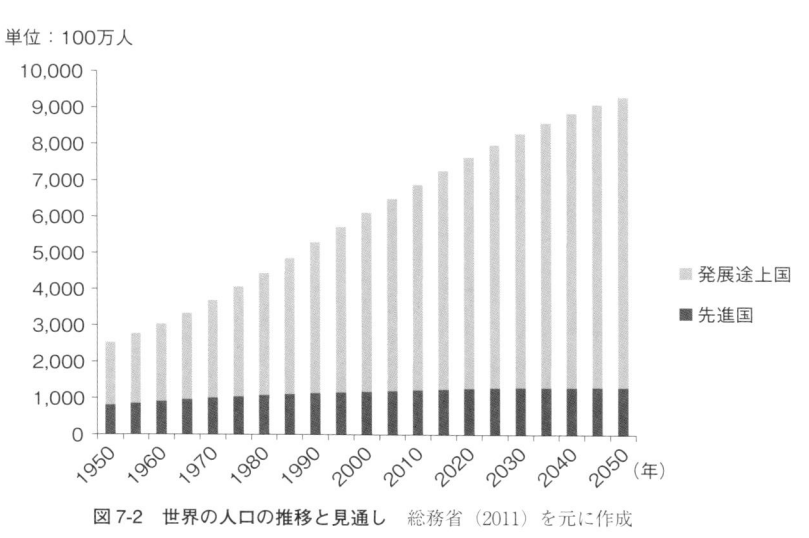

図7-2 世界の人口の推移と見通し　総務省（2011）を元に作成

こうした状況のなか，先進国では補充移民をめぐる議論が活発化することが予想されます。

【補充移民】 補充移民とは，2000年に国連が公表した『補充移民—人口の減少・高齢化は

救えるか』(United Nations, 2000)という報告書で示された概念です。文字通り，人口減少を「補充」するための移民のことです。この報告書では，2050年までに日本やヨーロッパの多くの国々が直面する人口減少の問題を，補充移民の受け入れによって解決すると仮定した場合に必要な移民の数が示されています。日本の場合，1995年以降のピーク時の総人口を維持するためには，2050年までに累計で1700万人の補充移民を受け入れる必要がある（そして，高齢化を回避するためにはさらに多くの補充移民を受け入れる必要がある）という予測が示され，学界やマスコミなどで大きな反響を呼びました。

07-02　少子化社会・日本

　日本やその他の先進国が直面している人口問題の大きな要因となっているのは，いうまでもなく少子化という現象です。日本では，毎年，「成人の日」や「子どもの日」の前後にテレビや新聞で新成人や子どもの数が報じられ，少子化の進展が話題になります。その際，少子化の進展を示す指標としてよく取り上げられるのが「合計特殊出生率」です。ここでは，日本と欧米諸国の合計特殊出生率の推移を比較しながら，少子化と多文化社会化の関わりについて考えてみましょう（図7-3）。

　【合計特殊出生率】　合計特殊出生率とは，15歳から49歳までの女性の年齢別出生率を合計したもので，1人の女性が，仮にその年次の年齢別出生率で一生の間に産んだ場合の子どもの数に相当します（厳密にいえば，合計特殊出生率には，「期間合計特殊出生率」と「コーホート合計特殊出生率」の2種類があります。興味がある方は，この2種類の出生率の違いについて調べてみてください）。なお，この数値以下になると人口が減少するという合計特殊出生率の数値のことを「人口置換水準」といいます。日本の人口置換水準は，2.08前後です。

　【少子化】　「少子」という言葉は，もともと「いちばん年の若い子」という意味で，「子どもが少ない」という意味はありませんでした。『平成4年度国民生活白書——少子社会の到来，その影響と対応』（経済企画庁，1992）のなかで，「出生率の低下とそれにともなって子どもの数が減少していくこと」という意味で「少子化」という語が使われるようになってから，この語が多方面で使われるようになりました。「高齢社会」（高齢化率が14％以上の社会）とは異なり，「少子社会」の定義には，具体的な数値の基準はありませんが，高齢者（65歳以上）よりも子ども（15歳未満）の人口が少ない社会という意味で用いられることがあります。

● 分析の視点：出生率の推移を比較する

　まずは日本における合計特殊出生率（以下，出生率）の推移をたどってみましょう。1950年

図7-3 日本と欧米諸国における合計特殊出生率の推移　内閣府（2011）を元に作成

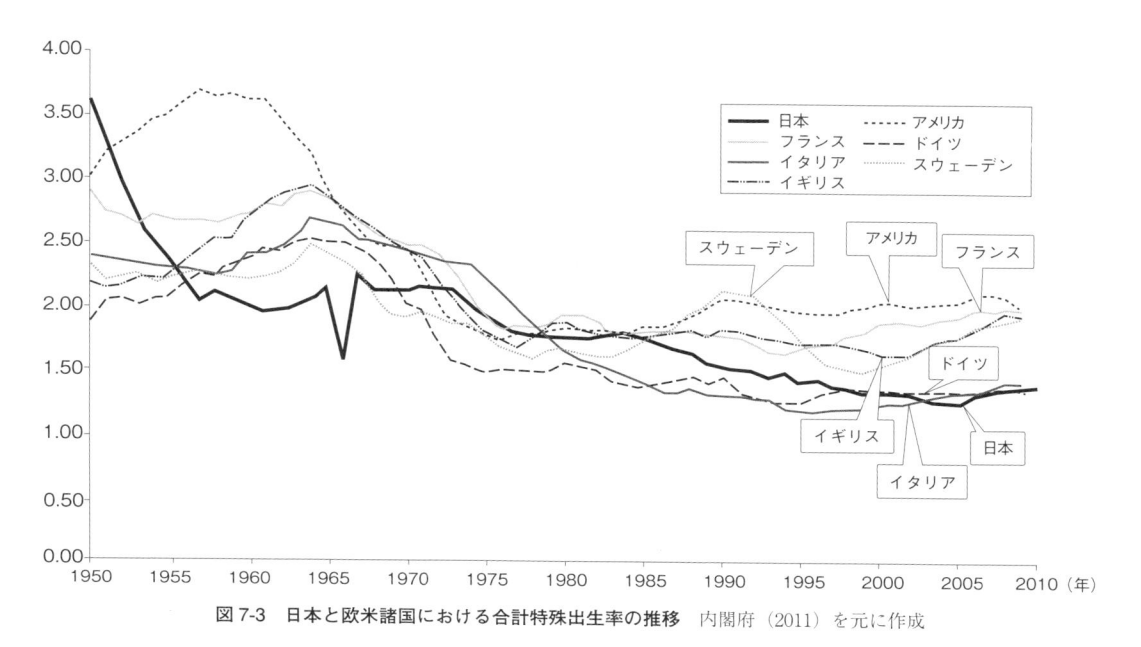

の日本における出生率は3.5を超えていましたが，1950年代を通じて出生率は急激に下がり，1960年には2.0前後になりました。その後，一時的に出生率が大きく下がった1966年をのぞけば，1970年代前半まで，日本における出生率は，人口置換水準を維持していました（1966年は，干支の上で「丙午（ひのえうま）」の年にあたり，この年に生まれた女性は気性が激しく夫を死なせるという迷信のために，出産数が減ったといわれます）。しかし1970年代後半以降，出生率はしだいに下がっていき，2000年代以降は，ほぼ横ばいという状況になっています。現在の日本における出生率は，イタリアやドイツと並んで非常に低い水準にあります。

一方，イギリス，フランス，スウェーデンの3カ国では，出生率は，1960年代から1970年代にかけて下がったものの，近年は上昇傾向にあります。また，アメリカでは1990年代以降，出生率はほぼ2.0の水準を保っています。

なぜ，これらの国々の間では出生率に違いが生じてきたのでしょうか。子どもを産み，育てやすい環境をどのように整えてきたのかということだけでなく，移民をどのように受け入れてきたのかということも出生率には関係しそうですね。

いずれにしても，日本の場合は，今後，仮に出生率がある程度上昇したとしても，そのことによって人口減少問題を解決できるわけではないでしょう。1970年代後半以降，日本における出生数は減少してきましたが，それはすなわち，将来的に子どもを産む可能性がある女性全体の数が減少してきたことを意味するからです。国立社会保障・人口問題研究所の推計によれば，たとえ出生率が「高位」で死亡率が「低位」の場合でも，今後，日本は人口減少を避けることができない見込みです。

●グローバルクイズ
①現在の日本で人口問題といえば，人口減少と少子高齢化をめぐる問題が取り上げられることが多いのですが，世界全体に目を向ければ，今後，世界の総人口が増え続けることも大きな人口問題であることに改めて気づくのではないでしょうか。では，みなさんは，世界の総人口が増えていくことで，今後，どのような問題が起こりうると考えるでしょうか。
②本章で紹介したように，日本の人口問題を解決するためには補充移民が必要だという議論があります。しかし，補充移民は本当に必要なのでしょうか。みなさんは補充移民の必要性についてどのように考えますか。76 頁のコラムなども参考に考えてみましょう。

●コラム：子だくさんの「ジャパニーズ」
　かつて日本は，多くの移民を海外に送り出していました。日本から海外への本格的な移民が始まったのは 1868 年のハワイ移民からです。その後，ハワイを含むアメリカへの移民は，1924 年にアメリカで移民法が改正されるまで続きました。
　当時の日本人は子だくさんだったため，アメリカにおける日本人移民と「2 世」とよばれるその子どもたちの数は，どんどん増えていきました。とくにハワイでは，1920 年の時点で日本人・日系人の人口は，全体のおよそ 4 割を占めるほどになりました。当時のハワイでは，「ジャパニーズ」は最大のエスニック集団だったのです。1924 年に改正されたアメリカの移民法は，俗に「排日移民法」と呼ばれており，「帰化不能外国人」とされた日本人移民の受け入れを禁止する条項を含んでいました。
　排日移民法が施行されるに至った背景には，アメリカ西部，とくにカリフォルニアにおけるジャパニーズに対する排斥運動の高まりがありました。当時は，「ジャパニーズは子だくさんなので，どんどん人口が増える」ということも，排日運動を促す要因の 1 つでした。

08 ともに家庭をつくる
：国際結婚と「ダブル」の子どもたちの増加

　移動する人々との偶発的な出会いが，新しい家庭を創造することもある。
　エリクソン（2011b：103）は，「適切なアイデンティティの感覚が確立されて，初めて異性との本当の親密さが可能になる」としている。

08-01　国際結婚からみる多文化社会化

　国境を越える人の移動が活発になり，定住外国人の数が増えると，国際結婚も増えていくことが推測できます。国際結婚の増加は，社会を構成する基礎集団といえる家族の多文化化の進行として捉えることができると思います。多様な文化的背景をもつ人々からなる家族は，最近，「多文化家族」と呼ばれるようになっています。この章では，この多文化家族という概念を念頭に置きながら，日本における国際結婚に関するデータを見ていきましょう。

● 分析の視点：国際結婚の傾向

　1970年代まで，日本における国際結婚は年間1万件に満たず，結婚件数全体に占める割合も1パーセント未満でした（図8-1）。しかし1980年代になると，国際結婚は急速に増えていき，1990年には2万5,000件を突破，結婚件数全体に占める割合も3.5%に増えました。その後も国際結婚件数は徐々に増えていき，90年代末から2000年代前半にかけて大きな伸びをみせました（国際結婚件数の増加とともに，国際離婚件数も増えました）。ただ，2006年の4万4,701件（全体の6.1%）をピークに，最近は減少傾向にあります。

　注目すべきは，70年代前半までは「妻が日本国籍，夫が外国籍」というカップルが多かっ

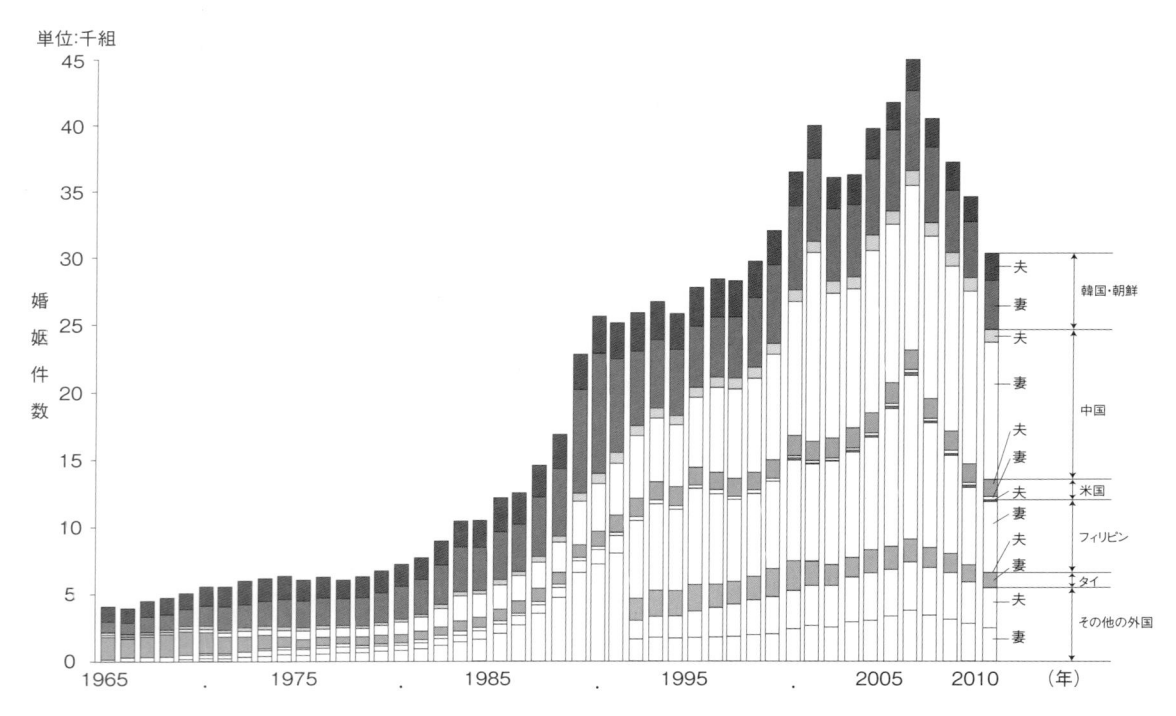

図8-1　夫妻の一方が外国人の国籍別婚姻件数の推移　厚生労働省（2012）を一部改変

たのに対して、その後は徐々に「夫が日本国籍、妻が外国籍」というカップルが増えていき、80年代以降の国際結婚件数では、「妻が外国籍」というカップルが「夫が外国籍」というカップルを大きく上回るようになってきたことです。その背景の1つとして、「移民の女性化」という傾向を挙げることができます。

また、80年代以降は、配偶者の国籍も多様化してきました。かつての国際結婚では韓国・朝鮮籍の配偶者が多かったのですが、80年代以降は、中国、フィリピン、タイの国籍の配偶者が増えてきました。さらに90年代以降は、ブラジルとペルーの国籍の配偶者も増えてきました。とくに中国、フィリピン、タイの国籍の配偶者は、その大半が女性であるという点が特徴的です。80年代以降、アジア地域を中心として「妻が外国籍」という国際結婚のカップルが増えてきたことは、現代の日本における多文化家族の動向に大きく影響してきたといえるでしょう。

【人口動態調査】　人口動態調査とは、日本における出生・死亡・婚姻・離婚および死産の人口動態事象を把握することを目的として厚生労働省が行なっている統計調査（全数調査（☞64頁））です。その歴史は長く、1899年にまでさかのぼります。日本における日本人および外国人、ならびに外国における日本人を対象にした「速報」と、日本における日本人のみを対象にした「月報」が毎月公表されており、さらに月報の年計に修正を加えた確定数が「年報」として公表されています。国際結婚に関するデータは、この人口動態調査の結果から得ることができます。厚生労働省のホームページや「e-stat」からデータを取得することが可能です。

【移民の女性化】　1990年代以降、高度で安価な交通・通信網の発達、グローバル資本主義経済の深化、そして冷戦体制の崩壊などを背景として、世界規模で移民の動きが活発化してきました。こうした状況のなか、現代における移民の特徴の1つとして挙げられるのが「移民の女性化」です。かつてと比べて女性移民の数が増えており、そして女性移民の役割が大きくなってきているのです。その大きな背景としては、（とりわけ若年層の）女性移民が、製造業やサービス業などで低賃金労働者として求められるようになっていることが挙げられます。

08-02　「ダブル」の子どもたちから見る多文化社会化

国際結婚による多文化家族が増えていくなかで、「ダブル」と呼ばれる子どもたちの数も増えてきました。国籍、人種、民族のいずれかが異なる男女の間に生まれた子どもたちは、最近は「ダブル」の他に「ミックス」や「バイカルチュラル」といった呼び名でも呼ばれるようになっています。また、教育学の分野や公的機関では「国際児」という呼び名が用いられることもあります。以下では、問題含みではありますが、「ダブル」という呼び名を用いるこ

とにします。ダブルの子どもたちが日本で注目を集めるようになった大きなきっかけは，第2次世界大戦後間もない頃，連合国軍兵士の男性と日本人女性の間に生まれた子どもたちの増加でした。現代の日本では，国際結婚の多様化にともなって，多様なバックグラウンドをもつダブルの子どもたちが増えてきました（表8-1）。

◉ 分析の視点：ダブルの出生数の傾向

国際結婚の増加にともなって，日本における出生数のなかで「父母の一方が外国籍」というダブルの子どもたちが占める割合もまた，上昇してきました。1990年には1.1%でしたが，

表8-1　父母の国籍別に見た出生数の推移　厚生労働省（2011）を一部改変

単位：人

国籍[1]	1987年	1990年	1995年	2000年	2005年	2010年
総数	1,346,658	1,221,585	1,187,064	1,190,547	1,062,530	1,071,304
父母とも日本[2]	1,336,636	1,207,899	1,166,810	1,168,210	1,040,657	1,049,338
父母の一方が外国	10,022	13,686	20,254	22,337	21,873	21,966
父日本・母外国	5,538	8,695	13,371	13,396	12,872	11,990
母日本・父外国	4,484	4,991	6,883	8,941	9,001	9,976
父日本・母外国 母の国籍	5,538	8,695	13,371	13,396	12,872	11,990
韓国・朝鮮	2,850	3,184	3,519	3,345	2,583	2,129
中国	803	1,264	2,244	3,040	3,478	4,109
フィリピン	…	…	5,488	4,705	4,441	3,364
タイ	…	…	851	736	509	380
米国	188	161	178	142	122	135
英国	…	…	55	51	47	46
ブラジル	…	…	406	397	217	230
ペルー	…	…	105	85	92	103
その他の国	1,697	4,086	525	895	1,383	1,494
母日本・父外国 父の国籍	4,484	4,991	6,883	8,941	9,001	9,976
韓国・朝鮮	3,039	3,048	3,281	3,427	2,604	2,502
中国	287	375	716	913	952	1,225
フィリピン	…	…	83	151	131	180
タイ	…	…	22	77	89	98
米国	641	829	1,171	1,380	1,547	1,754
英国	…	…	183	256	340	441
ブラジル	…	…	130	305	345	362
ペルー	…	…	76	135	157	145
その他の国	517	739	1,221	2,297	2,836	3,269

1) フィリピン・タイ・英国・ブラジル・ペルーについては1992年から調査しており，1991年までは「その他の国」に含まれる。
2) 父母とも日本の出生数には，母の国籍が日本の嫡出でない子を含む。

2010年には、およそ2倍の2.1%に上昇しています。つまり現在では、日本で生まれる子どもたちのおよそ50人に1人がダブルであるということになります。

また日本では、中国、フィリピン、タイ、ブラジル、ペルーといった国々の国籍の配偶者との国際結婚が近年増えてきたわけですが、同様の傾向は、やはりダブルの子どもたちにも見てとることができます。1990年の段階では、韓国・朝鮮系のダブルの子どもたちの割合が45.5%と最も高かったのですが、2010年には、その割合は21.1%にまで減少し、中国系のダブルの子どもたちの割合が24.3%と最も高くなっています。

このように、近年の日本におけるダブルの子どもたちの出生数の傾向は国際結婚の傾向を反映している面もありますが、他方で、国際結婚の傾向と異なる面もあります。先に見たように、日本における国際結婚では、近年、「夫が日本国籍、妻が外国籍」というカップルが「妻が日本国籍、夫が外国籍」というカップルを大きく上回るようになってきたのですが、ダブルの子どもたちの出生数を見ると、「父が日本国籍」という子どもたちの数と、「母が日本国籍」という子どもたちの数の間には、それほど大きな差はありません。また、中国、韓国・朝鮮、フィリピン、タイといった国々以外の「その他の国」の国籍の親をもつダブルの子どもたちの割合が21.7%とかなり高い点も注目されます。ほかにも、国際結婚の傾向とダブルの子どもたちの出生の傾向の間にどのような違いがあるのか、そしてこうした傾向の違いの背景には何があるのか、ぜひ考えてみてください。

【血統主義と出生地主義】　国籍取得に関する基本的な考え方は、世界的にみると、血統主義と出生地主義に大別されます。前者は父または母の国籍を子に付与するという考え方で、後者は父母の国籍の如何に関わらず、出生地の国籍を子に付与するという考え方です。日本の国籍法は血統主義を採用しています。1984年までは、父が日本国籍である場合のみ、子に日本国籍が付与されていましたが、1985年以降は、父母のどちらかが日本国籍であれば、子は日本国籍を取得できるようになりました。また、2009年からは、父母が結婚していない場合も、日本国籍をもつ父もしくは母に認知されていれば、子は日本国籍を取得できるようになりました。

【外国にルーツをもつ子どもたち】　2000年代に入って、日本では「外国にルーツをもつ子どもたち」（☞56頁）や「外国につながる子どもたち」という表現が、子どもたちの学習支援の現場や、行政、学界などで使われることが多くなってきました。かつて学習支援の対象としてもっぱら注目されたのは「外国人児童・生徒」でした。それに対して、日本で暮らす外国籍の子どもたちだけでなく、日本に帰化した人や中国帰国者の子どもたち、そして本章で取り上げたダブルの子どもたちなどもふくめて、外国とさまざまな形でつながりをもつ子どもたちの総称として、「外国にルーツをもつ子どもたち」が使われるようになってきたのです。

● グローバルクイズ
①日本における国際結婚では，かつては「妻が日本国籍，夫が外国籍」というカップルが多かったのですが，今日では「夫が日本国籍，妻が外国籍」というカップルが圧倒的に多くなっています。このように「妻が外国籍」というカップルが増えてきた理由として，どのようなことが考えられるでしょうか。
②本文中で，「ダブル」という呼び名は「問題含み」であると述べました。なぜ，「ダブル」という呼び名は問題含みなのでしょうか。ダブルという呼び名に問題があるならば，ほかにどのような呼び名を用いることが適切でしょうか。あるいは，何らかの特別な呼び名を用いること自体が問題なのでしょうか。みなさんは，どのように考えますか。

● コラム：「混血化」するハワイ

　かつて日本人・日系人が人口の4割を占めていたハワイですが，第2次世界大戦後は，日本人・日系人の人口の割合は徐々に減っていきました。現代のハワイでは，人口の面からみると，どの人種・エスニック集団も「マイノリティ（少数派）」であるといわれます。このことと並んで，ハワイがアメリカのなかでユニークな点として，いわゆる「混血」の人が多いということが挙げられます。アメリカ本土の多くの州では，異人種間結婚を禁止する法律が長らく施行されていましたが，ハワイでは，そのような法律が施行されたことはありませんでした。ハワイには「混血化」の長い歴史があるのです。現在のハワイには，「父方のおじいちゃんはヨーロッパ系でおばあちゃんはハワイアン系，母方のおじいちゃんはアフリカ系でおばあちゃんは日系」，あるいは「自分は16分の1ハワイアン系」というような「混血」の子どもたちがたくさんいます（ちなみに，アメリカの国勢調査「センサス」（☞38頁）で，回答者が複数の人種・エスニック背景を選択できるようになったのは2000年からです）。ただ，この「混血」という言葉には注意が必要です。「混血」という言葉は，「血が混ざっていない＝純粋な」人種の存在をしばしば前提にしているからです。現代の学問の世界では，「純粋な人種は存在しない」というのが定説になっています。たとえ肌や髪や瞳の色がどれだけ異なっていようとも，現代の世界に生きる私たちはみな，ホモ・サピエンスという1つの種に属しており，そのルーツは，約20万年前にアフリカに現われた共通祖先にたどることができます。つまり，その意味では，私たちは誰もが「アフリカ系」なのです。

09 ともに子どもを育てる

: 外国籍児童の就学傾向

　幼児期の教育方針や躾が重要であるが，越境する親は，自分の適応に追われ確たる教育方針をもてずにいることが多い。そして幼児期・学童期に受けた重圧的抑圧的体験は，生涯を通して影響を与えることもある。
　エリクソンは，ライフサイクルの中で乳幼児期が，自己意識の発生の原点であり，アイデンティティの基底になる「中核的自己感覚」が形成されるか否かに着目した（鑪, 2002：162, 187）。

09-01　乳児死亡数と死亡率からみる居住外国人の子育て

　日本社会の国際化が進むにつれて，多くの外国人が日本に居住するようになったことはすでに学びました。外国人居住者の増加に伴って，日本で誕生する「外国人」の数も国籍も増えてきました。問題なのは，日本で出産・育児をする際に言葉の壁や習慣の違い，社会経済環境の悪化などが妨げとなり，健全な子育てができなくなってしまう危険性があることです。ここでは，外国人の「乳児死亡率」とその国籍別割合から日本の小児保健医療の現場が多国籍化している現状を確認してみましょう。

【乳児死亡率】　子育ての初めの一歩は，何といっても「子どもの健康」の確保です。先天的な病を抱えて生まれてくる赤ちゃんもいますが，五体満足で生まれてきても親の知識不足や不注意で不慮の死を遂げてしまう赤ちゃんも残念ながらいます。生後赤ちゃんの健康を確保できているかどうかをみる指標の1つに「乳児死亡率」があります。「（0〜4歳児の死亡数÷出生数）×1000」の式で算出されており，「人口動態統計」から数値を入手できます。

● 分析の視点❶：定義の確認

　「外国人の出生数と乳児死亡率」の推移を示したグラフ（図9-1）を見て，どんなことを感じられましたか？　この「外国人」というのはどんな定義なのか，疑問をもたれたのではないでしょうか？　乳児の「外国人」とは，両親ともに外国籍の場合を指します。両親のうちどちらかが日本人の場合，日本では「日本国籍」を取得できるため，片方が外国籍でも「日本人」のカテゴリーに分類されます。ちなみに日本人の「乳児死亡率」は2010年からさかのぼって5年間を平均すると，約2.5%です。それと比較すると，日本に居住する外国人の方が乳児死亡率の数値は高めですね。それでも，最近の数値の変動と10〜15年前のものを比較すると，大分改善されてきていることがわかります。これには，外国人への母子手帳の交付促

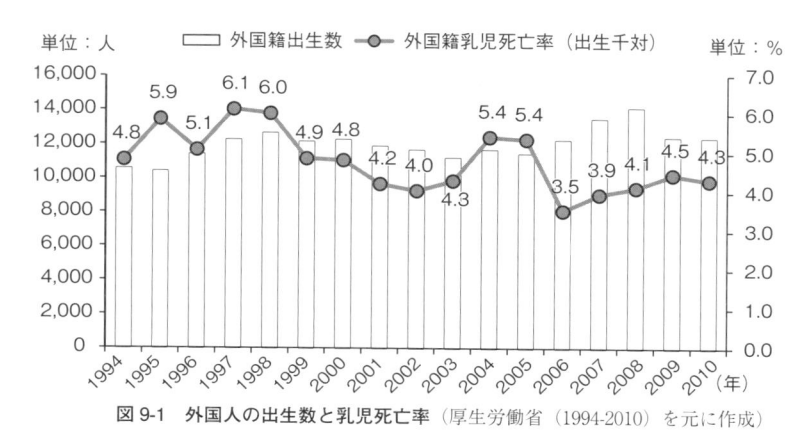

図9-1　外国人の出生数と乳児死亡率（厚生労働省（1994-2010）を元に作成）

進や外国語訳版の発行といった支援や医療機関の外国人受入れ拡充による支援などが影響しているのではないかと考えられます。

【母子健康手帳の多言語化】　日本では，妊娠を住所のある市区町村長に届け出ると国籍や年齢に関係なく「母子健康手帳」が交付されます。この手帳は，妊娠中の母子の健康状況を把握したり，妊婦としてのアドバイスを受けたり，出産時の重要事項を把握し，出産後の子どもの予防接種や成長記録を記録するために使用します。元来は戦後の人口確立のために日本独自で発展してきた手帳ですが，近年ではその有効性が認められ，海外の各国にも普及をし始めています。国内では，日本語が読めない外国人の母親たちのために多言語への翻訳が進められています。外国人が集住している地区では，英語の他，中国語，韓国語，スペイン語，ポルトガル語，タイ語，タガログ語などの外国語版母子健康手帳が配布されています。

● 分析の視点❷：国籍別割合

「乳児死亡数に占める国籍別割合」（図9-2）をみると，15年前では「韓国・朝鮮」籍が大きな割合を占めていましたが，経年とともに減少し，代わって「中国」籍と「ブラジル」籍が高率になっています。出生数を確認すると，「韓国・朝鮮」籍は年々減少しているため，比例して乳児死亡数に占める国籍別割合も減少していると考えられます。一方2008年まで急増していた「ブラジル」籍は，リーマンショック以降減少傾向に転じていますが，国籍別割合はそれに比例していないようです。「中国」籍の方は2007年に「ブラジル」籍を上回り，日本における外国人出生数の第一位に躍り出ていますので，国籍別割合で高率になるのもうなずけます。また「ペルー」籍は近年出生数が増加しており，「フィリピン」籍も一定の割合があります。こうしてみると，定住外国人国籍の多様化に伴い，生まれてくる乳児も国籍が多様化するため，今後も更なる母子保健の充実が日本社会の大きな課題となりそうです。

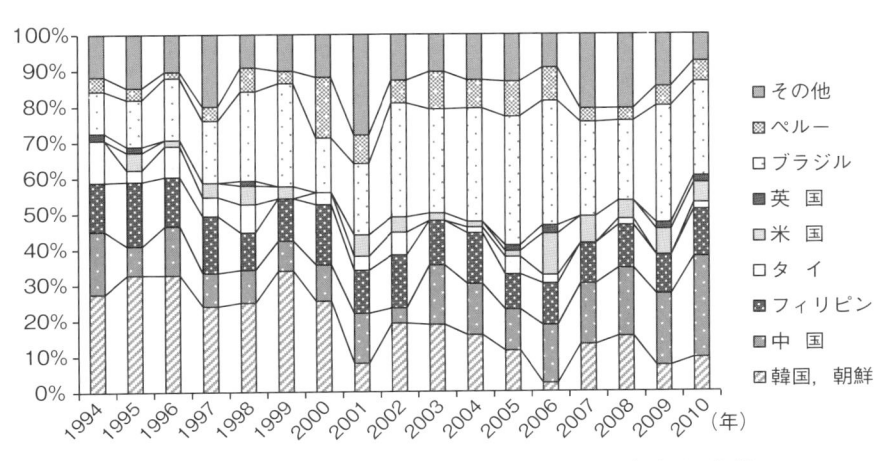

図9-2　乳児死亡数に占める国籍別割合（厚生労働省（1994-2010）を元に作成）

09-02　外国人就学状況からみる不就学児童の苦悩

　日本で生まれる子どもたちだけでなく，親の来日に伴って，海外から移住してくる子どもたちの数も必然的に増加の一途をたどってきました。親の世代とは異なり，来日自体が自らの意志ではないことと，渡日のさまざまな背景やそれぞれの家庭の事情により，スムーズに日本社会に適応できないケースも少なくありません。そうした子どもたちはやがて「不就学」となり，日本社会での居場所がなくなってしまうという事態に陥っています。「外国人の子どもの就学状況等に関する調査」からその実態を探ってみましょう（表 9-1）。

　【外国人の子どもの就学状況等に関する調査】　　日系人等のニューカマーが急増する中で，親の来日に伴う外国籍児童の移住も日本各地で急速に増加してきました。そうした動きと同時に各地の公立学校にも多くの外国人児童が転入するようになりましたが，適応できずに外国人学校等へ転出するケースも数多くみられるようになりました。外国人が多く集住する地域などでは，親同士が出資金を集めて外国人学校を創設するといったところも出てくるようになりました。
　しかし，問題は日本の公立学校にも適応できず，外国人学校にも行くことができない「不就学」の子どもたちが各地で徐々に増えてきている点です。この事態を打開すべく，文部科学省が数年前より「不就学外国人児童生徒支援事業」や「帰国・外国人児童生徒受入促進事業」の一環として，事業実施地域の都市[1]の協力を得て，不定期に実態調査を行なっているのが外国人の子どもの就学状況調査です。平成 21 年度調査では 29 都市が調査対象となっています。

◉ 分析の視点❶：不就学と学年

　「外国人の子どもの就学状況等に関する調査」の表 9-1 をみると，不就学者は意外に少ないと感じるかもしれません。しかし，この調査はあくまでも文科省の事業に参加をしている特定の都市を対象としているため，より外国人児童が多くいる東京都や大阪市といった大都市は実態が大きく異なる可能性があることを先に認識しておきましょう。
　数字を細かく見ていくと，外国人学校等の就学の割合も不就学者の割合も，低学年よりは高学年の方が比較的大きく，小学校よりも中学校の方が大きいことが読み取れますね。理由としては，低年齢層の方が語学習得や日本社会への適応がしやすいということが考えられます。また，学年が上がるごとに各単元の学習内容も難易度が上がるため，日本での義務教育のバックグランドが無い外国人の子どもたちにとっては，上の学年ほど学習内容についていくことが難しく，学校側も十分なサポートができていない状況にあるのです。

---

[1] 調査対象自治体：結城市，宇都宮市，太田市，成田市，高岡市，射水市，小松市，越前市，長野市，伊那市，大垣市，美濃加茂市，袋井市，湖西市，岡崎市，豊田市，西尾市，伊賀市，松阪市，鈴鹿市，長浜市，湖南市，甲賀市，彦根市，八尾市，神戸市，姫路市，南あわじ市，高知市の計 29 都市。

単位：人（%）　表 9-1　外国人の子どもの就学状況等に関する調査（文部科学省（2009-2010）を元に作成）

調査対象区分	外国人登録者数	就学者数		不就学者	転居・出国等
		公立学校等	外国人学校等		
小学校1年生	1,509	945 (62.6)	175 (11.6)	7 (0.5)	382 (25.3)
小学校2年生	1,484	971 (65.4)	170 (11.5)	7 (0.5)	336 (22.6)
小学校3年生	1,489	970 (65.1)	189 (12.7)	7 (0.5)	323 (21.7)
小学校4年生	1,504	979 (65.1)	218 (14.5)	8 (0.5)	299 (19.9)
小学校5年生	1,501	954 (63.6)	202 (13.5)	6 (0.4)	339 (22.6)
小学校6年生	1,465	969 (66.1)	184 (12.6)	11 (0.8)	301 (20.5)
小　計	8,952	5,778 (64.7)	1,138 (12.7)	46 (0.5)	1,980 (22.1)
中学校1年生	1,346	861 (64.0)	170 (12.6)	11 (0.8)	304 (22.6)
中学校2年生	1,253	842 (67.2)	170 (13.6)	13 (1.0)	228 (18.2)
中学校3年生	1,253	844 (67.4)	154 (12.3)	14 (1.1)	241 (19.2)
小　計	3,852	2,547 (66.1)	494 (12.8)	38 (1.0)	773 (20.1)
合　計	12,804	8,335 (65.1)	1,632 (12.7)	84 (0.7)	2,753 (21.5)

● 分析の視点❷：不就学の理由

　不就学になる外国人の子どもたちの学校に行かない理由を聞いてみると，最も多い回答が「学校に行くお金がない」でした。日本の義務教育は，基本的に給食費以外はほとんど費用がかからないため，この回答は日本語の学校に適応できなかったけれども，外国人学校へ通う経済的余裕がないといった意味にも取れます。また，「日本語がわからない」という回答も次いで多く，「勉強がわからない」という回答と合わせると25%近い割合になり，公立学校での

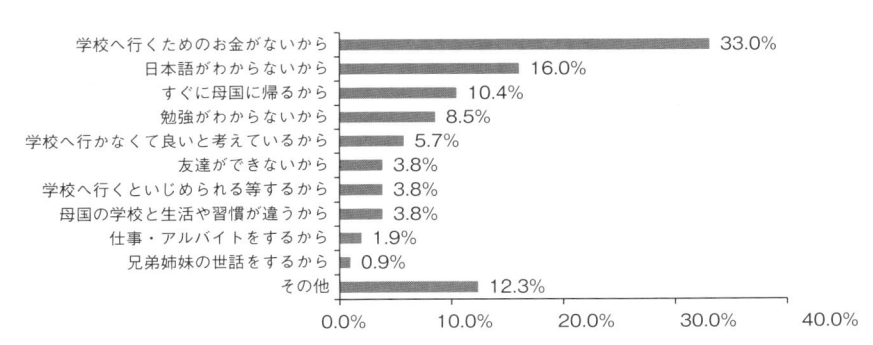

項目	割合
学校へ行くためのお金がないから	33.0%
日本語がわからないから	16.0%
すぐに母国に帰るから	10.4%
勉強がわからないから	8.5%
学校へ行かなくて良いと考えているから	5.7%
友達ができないから	3.8%
学校へ行くといじめられる等するから	3.8%
母国の学校と生活や習慣が違うから	3.8%
仕事・アルバイトをするから	1.9%
兄弟姉妹の世話をするから	0.9%
その他	12.3%

図 9-3　不就学の理由（複数回答）（文部科学省, 2009-2010）

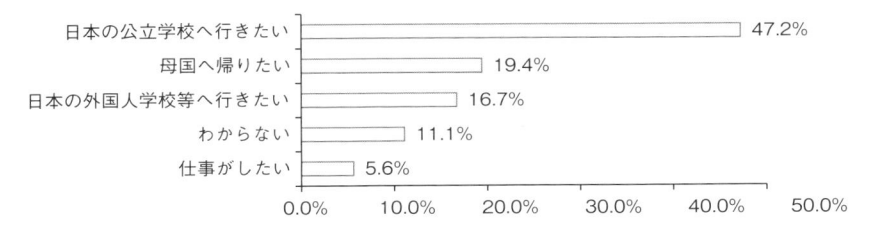

項目	割合
日本の公立学校へ行きたい	47.2%
母国へ帰りたい	19.4%
日本の外国人学校等へ行きたい	16.7%
わからない	11.1%
仕事がしたい	5.6%

図 9-4　今後の希望（複数回答）（文部科学省（2009-2010）を元に作成）

学習の適応に大きなハードルがあることがうかがえます。しかし，彼らの希望をみると本当は「日本の学校に行きたい」と思っている子どもが大半であり，決して学習が嫌いな訳ではないことがわかります。

　グラフにはありませんが，彼らの日中の生活を訊ねてみると，6割以上が「家で何もしていない」という回答で，次いで「自分で勉強している」と「友だちと遊んでいる」が同率で12.6%でした。こうした不就学者を放置せず，将来的に日本社会の戦力となる人材として育成できるシステムを構築することが各自治体の今後の大きな課題です。

●グローバルクイズ

①外国人が日本で安心して子育てをするためにどんなサポートが必要だと考えますか？

②不就学の外国人児童が増えてしまうと，日本社会にどんな影響を及ぼすと思いますか？

③表にある不就学者数は少ないと感じられませんでしたか？　この数字が正しく実態を把握していないとしたら，それはどうしてだと思いますか？

●コラム：統計にはみえない数字

　外国人児童の不就学者の数字を見てきましたが，実は「外国人」という統計分類には入らないけれども「外国にルーツをもつ子どもたち」（☞49頁）というカテゴリーが日本社会には存在することをみなさんはご存知ですか？　「乳児の死亡数・率」のグラフでも説明を少ししましたが，日本では親のどちらかが日本人であれば，もう片方の親が外国籍でも，海外で生まれ育っていても，日本国籍を取ることが可能です。また，残留孤児とその血縁関係にある場合も戸籍上は日本人であっても，外国生まれ外国育ちで日本語ができないといったケースもあります。こうした統計分類上は「日本人」ですが，「外国人」と同じ背景や問題を抱えている子どもたちも少なくありません。

　また，いわゆる「オーバー・スティ」と呼ばれ，在留期間を過ぎてしまったけれども，そのまま日本で居住している子どもたちもいます。これらの子どもたちは，行政での登録が既にないため，就学に関する学校側からの働きかけは全くなくなってしまいます。外国人の子どもたちは基本的に義務教育の就学の義務は課せられていないため，就学したい旨を学校側に願い出れば，受入はしてくれますが，何もアクションを起こさない場合は，知らないうちに不就学になってしまうというケースもあります。

　このように日本各地にはこうした統計ではみえてこない実態があることをぜひ覚えておきましょう。

10 ともに学ぶ
：日本で学ぶ留学生の就学実態と進路

　基礎教育を享受できないことは，人間の生存をも脅かす結果になる。外国系の子どもの不就学・不登校は，キャリア形成を困難にし，経済的な困窮だけでなく，心身の健全な成長を妨げてしまう。格差社会は次世代にも影響し貧困のサイクルを生み出しうる。
　ユネスコの学習権宣言は，「人間にとって学習権は生存権である」と謳っている。

10-01　日本で学ぶ留学生の実態

　日本は世界でも有数の経済大国です。また，教育水準も高く，豊かな固有の文化にも恵まれています。つまり，世界中の若者が一度は留学をしてみたいと思う国の1つなのです。みなさんは，日本にどれくらいの留学生が勉強をしていると思いますか？　実は，ここ10年ほど，「留学生30万人計画」や「クール・ジャパン戦略」を背景に日本に留学をする学生が急増しています。留学生がどの程度増えているのか，どのような教育課程に学びに来ているのか，またどんな国から来るのか，といった日本で学ぶ留学生の実態に迫ってみたいと思います。

【留学生30万人計画】　　政府による来日留学生を増やす計画のことをいいます。第169回国会にて福田元総理が「留学生30万人計画」は「日本を世界に開かれた国とし，人の流れを拡大していくために重要である」と演説の中で語られたことにより，この計画は打ち出されました。現在の日本の高等教育機関における総学生数（約350万人）に占める留学生の割合はわずか4%弱ですが，他の先進国をみると，フランスとドイツは11～12%，英語圏のイギリスやオーストラリアになると25%以上と大きく差を付けられています。将来推定される総学生数を約300万人とし，留学生の割合を4%から10%程度に上げることを目標に「30万人」という数字は算出されました。

【クール・ジャパン戦略】　　アニメやJ-POPなどから武道や料理まで，日本の固有文化を海外に広めるために打ち出された政府主導の対外文化宣伝・輸出政策のことをいいます。経済産業省内に「クール・ジャパン室」が設けられており，日本文化の対外ビジネス展開や海外の市場開拓を検討する「クール・ジャパン官民有識者会議」を有識者と関係省庁参加で開催しています。この戦略の一環として，平成19年度より，各種学校として認可を受けていないファッションやデザイン関係の民間教育期間でも，申請により外国人留学生を受け入れることが可能となりました。海外の若者に人気の高い分野での留学生の獲得に期待が寄せられています。

◉ 分析の視点❶：在籍数の推移

　1990年では，わずか4万人強しかいなかった留学生も2000年以降に急増し，2010年にはこれまでの最高である14万1,774人を記録しました（図10-1）。1990年当時と比較をすると，実に3.4倍にも増加しています。教育課程別に見ると，大学の学部課程・短大・高等専門学校への留学が好調な伸びをみせていますが，大学院や専修学校も緩やかながらも着実に受入数を伸ばしています。留学生の多くは，学位を取得するか，あるいは，手に職を付けられる資格を取得するといった2つの傾向がみられ，それが教育課程別の在籍数にも反映されてい

10 ともに学ぶ

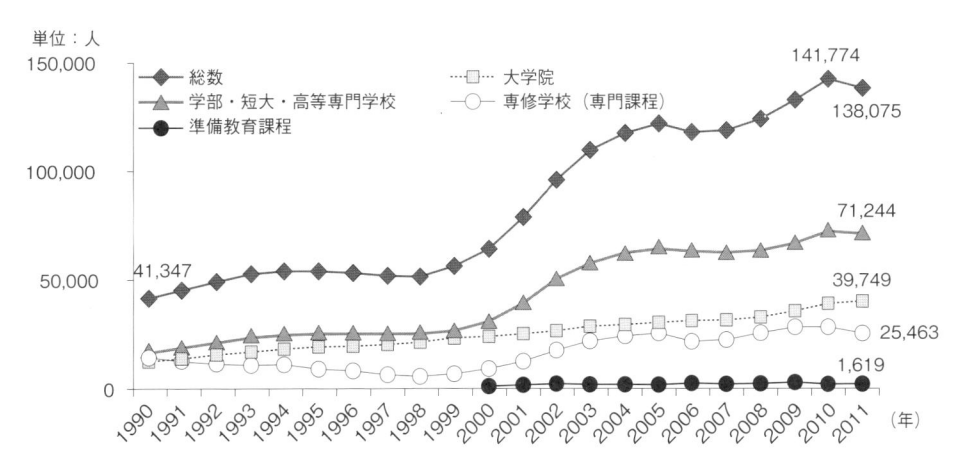

図10-1 教育課程別留学生の在籍数
文部科学省，日本学生支援機構（留学生調査（2012）を元に作成）

ます。しかし，2011年に起きた東日本大震災の傷跡は大きく，ここ数年伸び続けてきた受入数も減少傾向に転じてしまい，今後の対策が検討されています。

◉ 分析の視点❷：出身国の推移

留学生の出身国（図10-2）を見てみると，ここ10年間で最も大きな割合を占めているのは「中国人」です。2011年は8万7,533人にも上り，全体の63.4％を占めています。続いて，二番手は「韓国人」ですが，こちらは全体の12.8％の1万7,640人となります。台湾は，桁数が1つ減ってしまいますが，4,571人で3.3％を占めます。ベスト3はいずれも東アジアの国々で，この三地域で留学生全体の約8割を占めることになります。4位，5位にはベトナムとマレーシアが続きますが，これより下位になると東南アジア諸国が目立ってきます。グラフにはその他の中に含まれていますが，欧米諸国からの留学生はアメリカが最も多く，第9位の1,456

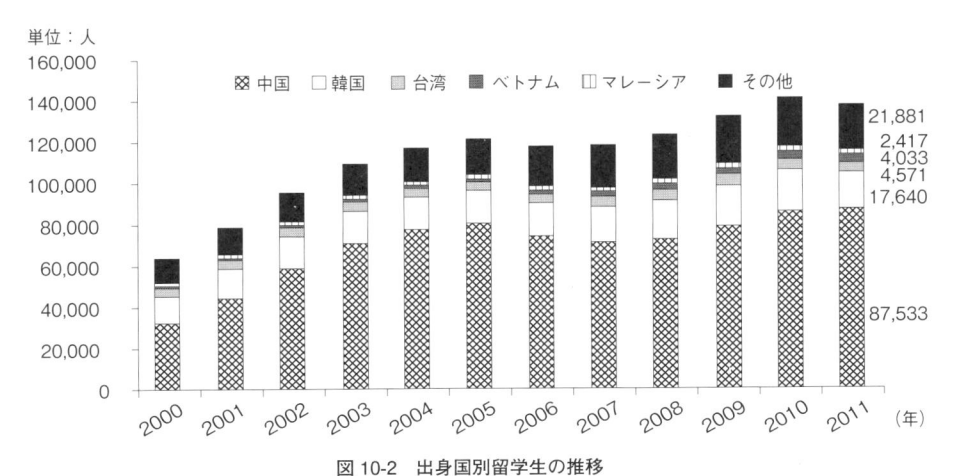

図10-2 出身国別留学生の推移
文部科学省，日本学生支援機構（留学生調査（2012）を元に作成）

人で，全体の 1.1％と少なく，その下になると，フランスの 530 人（0.4％）となります。こうしてみると，アジア圏からの，特に近隣諸国からの留学生が圧倒的に多いことがわかります。

10-02　留学生の卒業後の進路

　留学生たちは，日本での学業を終えると，どのような進路を選択するのでしょうか。もちろん，日本で学んだ知識や技術を故郷で活かすという選択をする留学生も多いですが，近年の傾向として，卒業後も日本にそのまま居住し，日本の企業に就職をするといった選択をする留学生も増えています。ニュースでもよく取り上げられますが，彼らはグローバル化時代が期待する「グローバル人材」として日本企業からも注目をされています。

　【留学生の就職活動】　　留学生の就職活動は，基本的には一般の日本人学生が行う就職活動と変わらない形で行います。しかし，在籍する学校では外国人支援が不十分なことが多いため，日本学生支援機構といった独立行政法人が就職活動の準備セミナーを日本各地で開催したり，就活ガイドなどを作成したりするなど，留学生の就職活動に関する有益な情報を提供するサービスを行なっています。セミナーでは，自己分析をはじめ，自己 PR の書き方，模擬面接の体験演習などを実施するほか，就活体験者の講演や業界別セミナーといった企業側の講演なども開催され，毎回多数の応募者が殺到しています。

● 分析の視点❶：就業ビザ申請数の推移

　日本での就職を希望する留学生は 2002 年以降急増しており，2008 年までは雇用する企業も増えたことにより，就業ビザの申請数もうなぎ登りでしたが，リーマン・ショック以降，2010 年までは採用数も減り，就業ビザの申請数も減少傾向が続いていました。これに追い打ちをかけるように 2011 年の東日本大震災が起きたため，2011 年の就業ビザ申請数は，2010 年を更に下回ると予想をされていましたが，結果的には申請数が回復する傾向となりました（図 10-3）。

　【留学生の採用後のビザ】　　日本に居住をする外国人には，在留資格が必要であること，そして，在留資格は目的によって異なるビザがあることを既に勉強しましたね。留学生も，留学期間中は留学生ビザによって日本に滞在することが可能ですが，就業をした場合には，ビザを就業ビザに変更しなければなりません。通常，在留資格の変更には 1〜2 か月を要しますので，事前準備を怠ると，本人も気が付かないうちにオーバースティになってしまうケースもあります。
　就業ビザの取得には，雇用契約書の写しと就業先の商業法登記簿謄本と決算報告書の写し，及び会社のパンフレットと雇用理由書が必要となります。

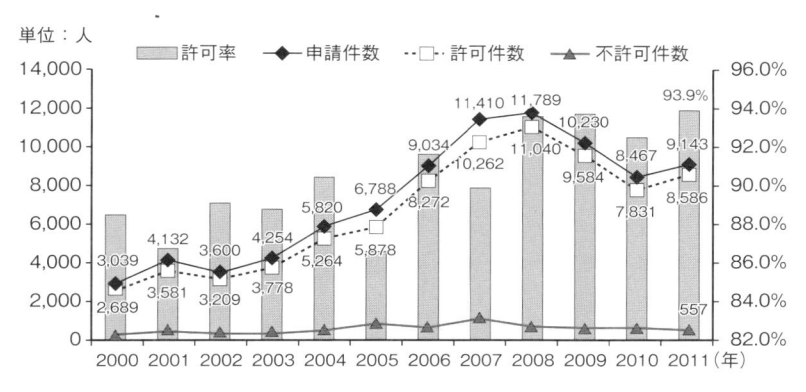

図10-3　留学生の就業ビザ申請件数（法務省入国管理局（2012）を元に作成）

● 分析の視点❷：多様な在留資格

　就職後の在留資格は，「人文・国際」が7割を占め，続いて「技術」が2割弱という構成となっています。残りの1割は，「教授」「投資・経営」「研究」といった分野の在留資格となっています。職務内容は，「通訳・翻訳」が約3割と最も多く，留学生らしく，語学力を生かした職業に就くケースが多いようです。近年は，コンビニエンスストアや外食産業での外国人留学生の採用も目立っており，その傾向が，第2位の「販売・営業」にも反映をされています。「職務内容許可人員」の表からもわかるように，留学生の卒業後に就く職業は多岐にわたっており，今後も多様な分野での採用が期待をされています。

就職後の在留資格（2011年）

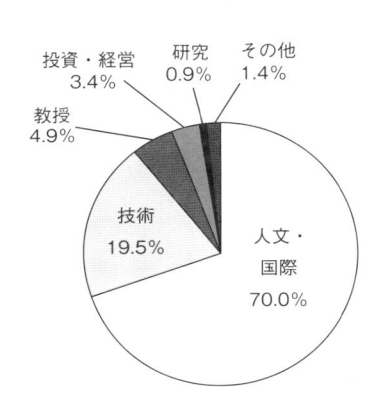

職務内容許可人員（2011年）

職務内容	許可人員	構成比（％）
翻訳・通訳	2,543	29.6
販売・営業	1,968	22.9
情報処理	591	6.9
調査研究	125	1.5
技術開発	396	4.6
海外業務	462	5.4
経営・管理業務	389	4.5
教育	573	6.7
貿易業務	212	2.5
設計	294	3.4
会計業務	151	1.8
デザイン	77	0.9
広報・宣伝	82	1.0
国際金融	45	0.5
その他	678	7.9
合計	8,586	100.0

図10-4　就職後の在留資格と職務内容許可人員（2011年）（法務省入国管理局（2012）を元に作成）

7章でも触れたように，日本は既に人口減少に転じており，将来的な労働力不足が懸念されています。「留学生30万人計画」を進める背景には，こうした高等教育を受けた留学生が数多く日本に留まり，優秀な若者が日本社会の将来に貢献をしてくれる期待も込められているのです。

●グローバルクイズ

①東日本大震災の後，多くの留学生が正しい情報を得られず，大量に帰国をするという現象が起きました。その際に，災害時の外国人居住者に対するサポートが不足していることが各自治体で問題となりました。災害時に正しい情報を留学生に伝えるために，どんなサポートが必要だと思いますか？

②下のグラフは，2010年から2012年までの月別の留学生の出入国数の推移を表したものです。グラフからは，どんなことが読み取れますか？ クラスで話し合ってみましょう。

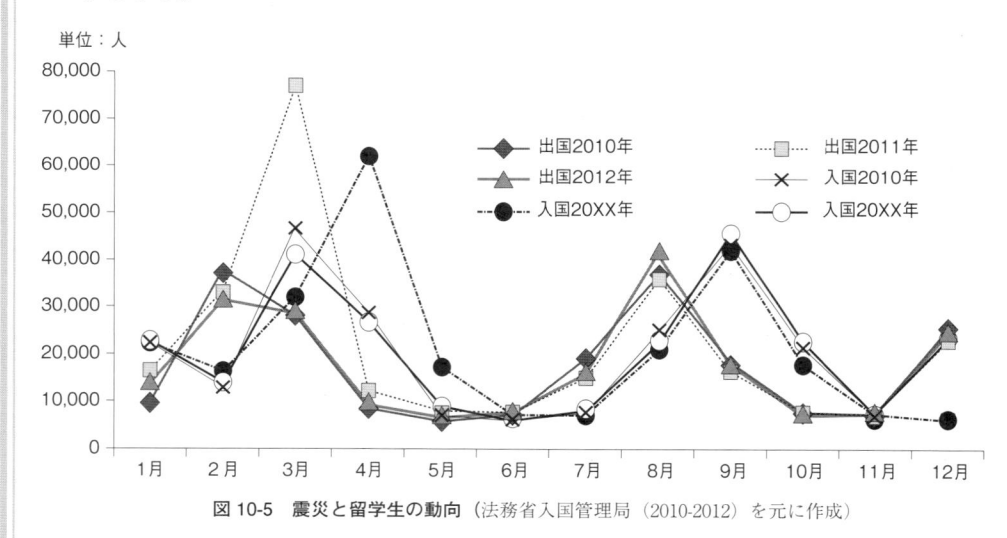

図10-5 震災と留学生の動向（法務省入国管理局（2010-2012）を元に作成）

③留学生が増えることで，日本社会にどんな影響があると思いますか？ メリットとデメリットの双方から考えてみましょう。

11

ともに働く
：外国人の労働の状況と傾向

「働く」経験は，生活の糧を得るだけでなく，精神力を鍛え，多くの知見を獲得し，自己実現の上に重要な意味をもつ。移動する人々が日本社会で「働く」喜びを体感し，孤立を防ぎ，多文化意識を形成している。「働く」平等の権利は，地域コミュニティの形成に重要な要因であろう。

キャリアとは「個々人が生涯にわたって遂行する様々な立場や役割の連鎖及びその過程における自己と働くことの関係づけや価値づけの累積」（文部科学省，2004）と定義されている。

11-01 雇用が外国人に奪われる？

「ユニクロ」のファーストリテイリングが，2012年に新卒正社員の約8割を外国人から採用しました。このように，グローバル化の進展にともない，多くの大手企業において外国人の雇用を増やす動きが急速に進んでいます。また，2008年には，自民党有志による「外国人材交流促進議員連盟」が，少子化に対処するために，今後50年間で，人口の約1割にあたる1000万人程度の移民を受け入れる提案を行いました。この提言が実現するかはわかりませんが，グローバル化，少子化をにらみ，今後も急速に外国人労働者が増えていくことが予想されます。

一方，日本人に目を転じると，大卒者の就職難がすすみ，3分の1程度の大卒者は就職先が見つからないまま卒業を迎え，失業率も高まっています。外国人の雇用が増える一方で日本人の失業者が増えるこの状況は，外国人に雇用が奪われているということでしょうか？

◉ 分析の視点❶：「全数調査」で見えるものと見えないもの

図11-1では外国人就業者数と外国人就業者割合が時間とともに増えている様子が示されています。データは国勢調査から得られたものが使われていますが，国勢調査は日本国内に住んでいる人全員を対象にして5年ごとに行われる「全数調査」（☞47頁）です。全数調査とは調査対象となる母集団の全数を調査することを意味し，母集団の一部を抽出して調査される「標本調査」と対比される概念です。標本調査の場合，抽出の仕方によって標本に偏りが出てしまうことがしばしば問題となります。一方，全数調査の場合にはそのような偏りはおきないので，より正確な調査結果を得ることができます。ただし，「全数調査」といっても，無回答の人もいます。そのような人の中に不法労働者の人々が多く含まれている可能性は高く，その点では「全数調査」でも見えない数字があることに注意が必要です。

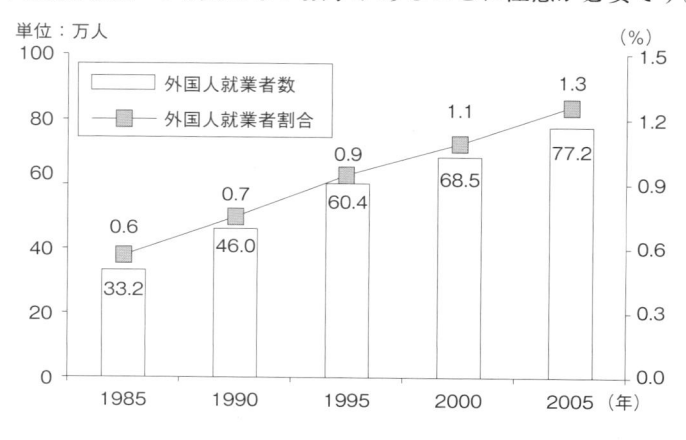

図11-1 外国人就業者の推移　総務省（1985-2005）を一部改変

11 ともに働く

【外国人就業者数】 ここでは外国人就労者数を把握するのに総務省が行う5年ごとの国勢調査を使いましたが，2007年からは「外国人雇用状況の届出」が全雇用主に対して義務づけられ，厚生労働省から毎年発表されています。しかし不法労働者はこれらの統計でも把握されません。法務省入国管理局が推計する不法残留者数は2012年1月で約6万7,000人，その多くは不法労働者になると考えられます。

◉ 分析の視点❷：在留資格と国籍

表11-1は，外国人労働者の在留資格別と国籍別の内訳です。表の左の項目をみてみると，在留資格の種類と国籍の種類が示されています。次に2011年をみてみると，在留資格では，「身分に基づく在留資格」が31万人と最も多く，その次に「技能実習」による人が13万人，

表 11-1 外国人労働者の在留資格別と国籍別の内訳 厚生労働省（2012）を一部改変

		2009年	派遣・請負	2010年	派遣・請負	2011年	派遣・請負	対前年増減比	派遣・請負
	外国人労働者総数	562,818	162,525	649,982	181,021	686,246	185,248	5.6	2.3
在留資格別	専門的・技術的分野の在留資格	100,309	23,156	110,586	24,562	120,888	26,238	9.3	6.8
	うち技術	32,543	10,814	35,437	11,137	38,290	11,404	8.1	2.4
	うち人文知識・国際業務	38,555	7,704	42,022	8,390	46,801	9,082	11.4	8.2
	特定活動	112,251	13,721	123,342	14,987	5,939	866	—	—
	技能実習	—	—	11,026	1,406	130,116	15,274		
	資格外活動	96,897	12,532	108,091	13,148	109,612	11,887	1.4	▲9.6
	身分に基づく在留資格	253,361	113,116	296,834	126,897	319,622	130,967	7.7	3.2
	うち永住者	112,502	42,216	136,982	50,809	154,010	55,712	12.4	9.6
	うち日本人の配偶者等	63,347	26,304	70,899	27,514	74,625	27,473	5.3	▲0.1
	うち定住者	73,673	43,146	83,817	46,664	84,943	45,598	1.3	▲2.3
	不明	—	—	103	21	69	16	▲33.0	▲23.8
国籍別	中国（香港等を含む）	249,325	41,280	287,105	45,762	297,199	45,146	3.5	▲1.3
	韓国	25,468	4,932	28,921	5,320	30,619	5,395	5.9	1.4
	フィリピン	48,859	17,061	61,710	21,634	70,301	24,132	13.9	11.5
	ブラジル	104,323	66,255	116,363	70,034	116,839	68,854	0.4	▲1.7
	ペルー	18,548	9,764	23,360	11,848	25,036	12,430	7.2	4.9
	G8＋オーストラリア＋ニュージーランド	43,714	7,255	46,221	7,727	50,321	9,002	8.9	16.5
	うちアメリカ	18,477	3,037	19,557	3,274	21,663	4,023	10.8	22.9
	うちイギリス	7,307	1,237	7,648	1,255	8,438	1,515	10.3	20.7
	その他	72,581	15,978	86,302	18,696	95,931	20,289	11.2	8.5

注1：「派遣・請負」欄は，各年10月末現在における①事業所のうち労働者派遣・請負事業を行なっている事業所の数，②外国人労働者のうち労働者派遣・請負事業を行なっている事業所に就労している外国人労働者数を示す。
注2：2010年7月の在留資格「技能実習」の新設に伴い，これまで「特定活動（技能実習生）」であった者が「技能実習」に移行しているため前年比は算出していない。

「専門的・技術的分野の在留資格」が12万人，資格外活動が10万人となっています。「身分に基づく在留資格」をさらにくわしく3つのサブカテゴリーに分けたものが，その下に「うち永住者」「うち日本人の配偶者等」「うち定住者」として示されています。上に示されている項目でも総数のうち，「派遣・請負」がサブカテゴリーとして示されています。このようなサブカテゴリーの示し方は覚えておくと便利です。

国籍別でみると，中国の人が圧倒的に多く，約30万で半数近くを占めています。対前年増減比でいうと3.5%の増加となっており，それほど高い伸び率は示していません。一方，フィリピン，アメリカ，イギリスは10%以上の高い伸び率を示しています。これらの国に共通することは英語が使われていることが考えられますが，相手国側の景気動向なども影響しているかもしれません。その背景を考えてみるといいでしょう。

【技術実習】　「外国人技能実習制度」は，日本の産業技術を発展途上国の人々に修得してもらう目的で1993年に創設されました。ここでの外国人は労働者でないため労働関係法令は適用されませんでしたが，受け入れ企業で低賃金労働者のように取扱われることが多く問題が指摘されていました。そのため，2010年に制度改正され，企業で実務に従事する期間は労働者として扱われることになりました。

11-02　外国人と日本の求人

ここまでで外国人雇用の増加傾向は確認しました。しかし，外国人の雇用増加は日本人の雇用減少につながるかという問題の答えを探るには，少し理論的な思考とデータの検証が必要になります。

ある人の仕事が，他の人の仕事に与える影響は，その仕事の関係が補完的か代替的かということに依存します。たとえば，タクシー会社の仕事によって人力車の仕事はなくなっていきましたが，一方で，タクシー会社と自動車会社はお互いの存在が利益をもたらします。補完的か代替的か，外国人労働者と日本人労働者の関係を考えてみましょう。

● 分析の視点❶：因果関係と相関関係

図11-2は外国人労働者割合と有効求人倍率の関係を都道府県別にみている散布図です。中ほどに右上がりの直線が描かれていますが，これは散布図の傾向を示す傾向線です。右上がりということは，外国人割合が多ければ多いほど，有効求人倍率が増える傾向が示されています。つまり，外国人割合が高いところでは，日本人の求人も多いことを意味し，外国人労働者と日本人労働者が補完関係にある可能性が示されています。しかし，この図から，補完関係を断定できないことにも注意が必要です。なぜなら，ここでは外国人労働者の増加が

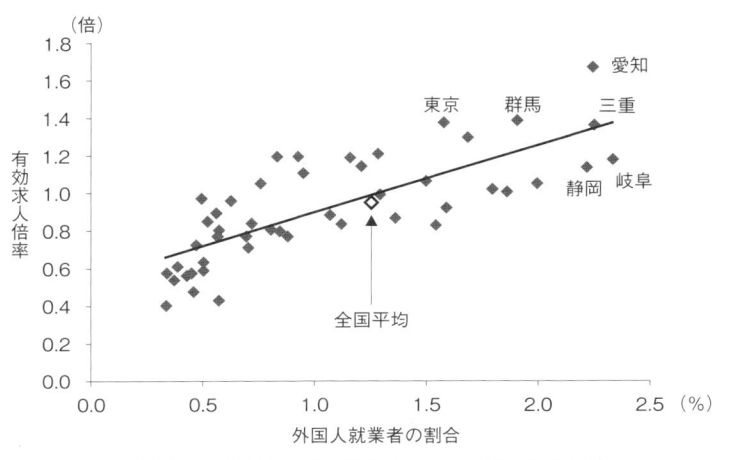

図 11-2 外国人就労者と有効求人倍率の関係（2005 年）
橋本（2007），元データは総務省（2005）ならびに厚生労働省（2005）。

日本人の求人倍率を高めているという「因果関係」（☞ 26 頁）は示されておらず，あくまでも「相関関係」（☞ 23-24 頁）が示されているにすぎないからです。表の右側には，中部地方の県が散布していますが，これらの県は，自動車産業を中心に，2005 年前後に日本の景気をけん引した地域でした。もし，外国人労働者がいなかった場合，日本人の雇用がさらに増えていた可能性も否定はできません。

【求人倍率】　公共職業安定所（ハローワーク）に申し込まれる求職者に対する求人数の割合です。「新規求人数」を「新規求職申込件数」で除した「新規求人倍率」と，「月間有効求人数」を「月間有効求職者数」で除した「有効求人倍率」の 2 種類があります。有効求人数は，「前月から繰越された求人数」と当月の「新規求人数」の合計数，有効求職者数も「前月から繰越された求職者数」と当月の「新規求職申込件数」の合計数をいいます。

● 分析の視点❷：職業別雇用の需給マッチング

次に，職種別労働者過不足判断 DI を見てみましょう。図 11-2 の散布図では相関関係が示されているだけで因果関係は示すことができないと述べました。相関関係を統計的に検定する方法もありますが，ここでは簡単に，職業別の人手不足の状況を調べ，外国人労働者が日本の人手不足を補う形になっているかを考えたいと思います。

「日本には過労死するほど仕事があり，自殺するほど仕事がない」という皮肉を耳にしますが，これは，正規雇用者に仕事が集中する問題とともに，職業別雇用の需給マッチングがうまくいっていないことも考えられます。

図 11-3 を見てみると一貫して人が不足しているのは，「専門・技術」関連です。また，「単純工」は変動が激しくなっていますが，これは景気の影響を受けやすいことを示していると

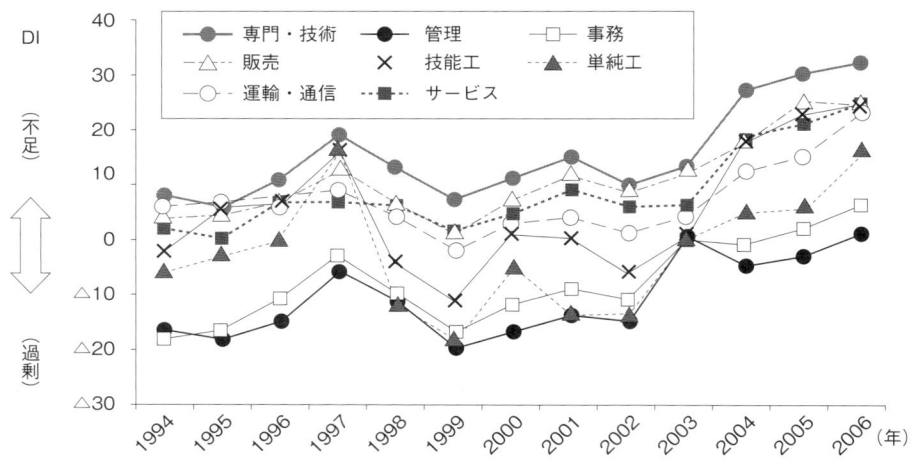

図 11-3 職種別労働者過不足判断 DI の推移　厚生労働省（1994-2006）を一部改変

考えられます。外国人労働者のうち，「専門・技術」職の人は，日本の人手不足を補っており，単純労働者は，景気のいい時は，人手不足を補う存在ですが，景気が悪くなると，日本人でも生活に困り働きたい人が増え，外国人と競合関係になると考えられます。

【職種別労働者過不足判断 DI】　厚生労働省が行なっている「労働経済動向調査」により企業の雇用過剰感を職種別に調べた D.I. です。D.I. とは Diffusion Index の略で，よい－わるいなど定性的な指標を単一の数値に集約する加工統計手法，または，この方法によって得られた指数をいいます。この場合，労働者が不足と回答した事業所の割合から過剰と回答した事業所の割合を差し引いた値です。

●グローバルクイズ

①外国人の雇用を増やして日本人の雇用も増えるのはどのような場合か考えてみましょう。

②44 頁のディスカッションや 76 頁のコラムなども参考にして，外国人労働者を多く受け入れた場合，日本社会にどのようなメリットやデメリットがあるのか考えてみましょう。

12 ともに住まう

: 外国人には厳しい住環境

オランダの文化史学者・哲学者ホイジンガ（J. Huizinga,1872-1945）は，「遊び」には，緊張と喜びと楽しさが同居し，人間の創造力の本質があると説いた。
ともに住まい，そして，ともに遊ぶ経験が，多文化意識を培ってくれる。そんな認識が日本社会に必要である。

12-01 外国人には厳しい日本での生活環境

　第6章で学んだように日本における外国人の居住数は近年めざましい伸びをみせていますが，外国人にとって日本で暮らすことは果たして容易なのか，疑問に感じるところではないでしょうか？　もし，私たちが逆に外国で暮らすことになった場合，みなさんはまずどんなことを心配しますか？　そう考えると，自ずと答えが出てくるのではないかと思います。そう，みなさんが今感じたのと同じように，日本に暮らす外国人も日常生活に不安をたくさん抱えているのです。多文化社会で「ともに住まう」とはどんなことなのか，ぜひみなさんで一緒に考えてみましょう。

● 分析の視点：アンケート結果を読む

　日本では，部屋を借りる際，上記のようにさまざまな条件が課せられるのが常識です。ましてや身元を保証してもらうことの難しい外国人が日本で住居を探し，賃貸契約を結ぶとい

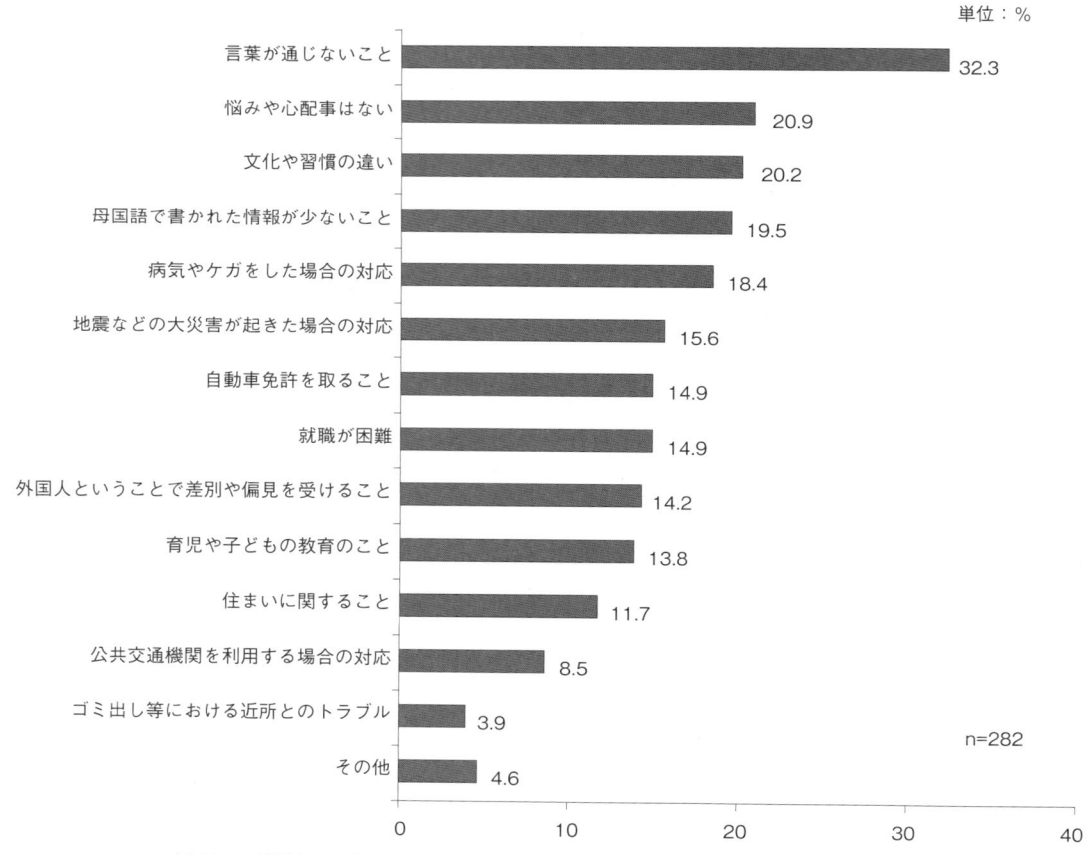

単位：%

項目	%
言葉が通じないこと	32.3
悩みや心配事はない	20.9
文化や習慣の違い	20.2
母国語で書かれた情報が少ないこと	19.5
病気やケガをした場合の対応	18.4
地震などの大災害が起きた場合の対応	15.6
自動車免許を取ること	14.9
就職が困難	14.9
外国人ということで差別や偏見を受けること	14.2
育児や子どもの教育のこと	13.8
住まいに関すること	11.7
公共交通機関を利用する場合の対応	8.5
ゴミ出し等における近所とのトラブル	3.9
その他	4.6

n=282

図12-1　外国人アンケート調査：日常生活での悩みや心配事（石川県（2007）を元に作成）

うことは、そうたやすいことではありません。実際にうまく契約までに至ったとしても、住環境に関するさまざまなトラブルが生じ、悩んでしまうというケースが少なくないのが現状です。2007年に石川県で行われた在住外国人の「日常生活での悩みや心配事」アンケートの結果（図12-1）をみると11.7％の人が「住まいに関すること」を挙げていますが、実際には住居そのものだけでなく、周辺事項にも異国で暮らすことの大変さを物語る結果がうかがえます。特に「ゴミ出し等における近所とのトラブル」（3.9％）、「外国人ということで差別や偏見を受ける」（14.2％）の2点は、「ともに住まう」ことの難しさを象徴しているかのような結果ですね。こうした状況が起きてしまう背景には「文化や習慣の違い」による認識の違いがあり、その難しさを感じている人は20.2％にも上ります。つまり、少なくとも5人に1人は文化や習慣の違いに悩まされているということになります。

「住まいについて困っていること」を更に掘り下げていくと、金銭的な問題（24.1％）や外国人が故に契約を断られたり（4.6％）、保証人がなかなか見つからなかったり（4.6％）といった差別問題に加えて、文化的価値観の違いから生じる近隣住民との摩擦（1.8％）といった問題が見えてきます（図12-2）。

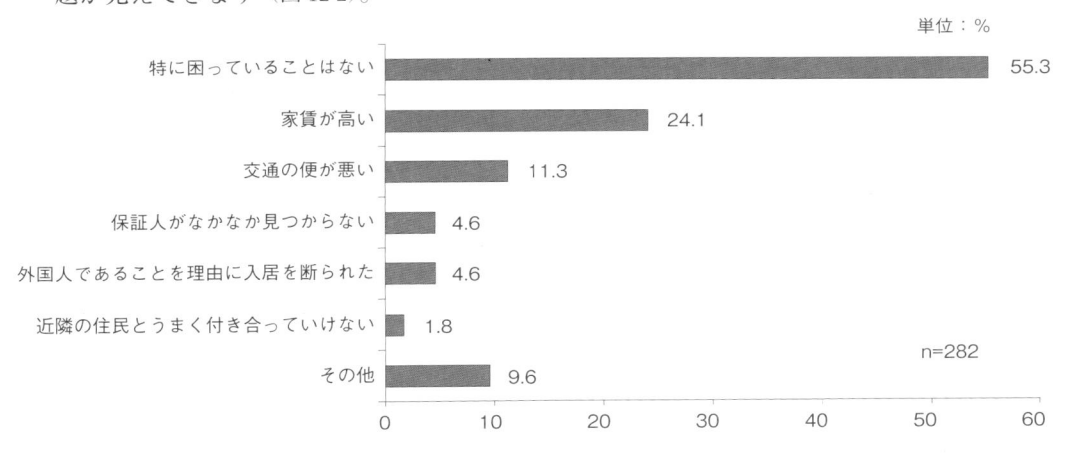

単位：％

項目	％
特に困っていることはない	55.3
家賃が高い	24.1
交通の便が悪い	11.3
保証人がなかなか見つからない	4.6
外国人であることを理由に入居を断られた	4.6
近隣の住民とうまく付き合っていけない	1.8
その他	9.6

n=282

図12-2 外国人アンケート調査：住まいについて困っていること（石川県（2007）を元に作成）

「ともに住まう」ことのハードルを上げてしまっているのは一体何なのか、ぜひ本書を読まれているみなさんにもじっくり考えて欲しい課題です。

【「賃貸契約」に関わる事項】　「賃貸契約」とは部屋を借りる際の契約行為を指します。通常、入居の申し込みをしただけでは物件を借りることはできません。まずは、入居審査により入居にふさわしい人物であるかどうかを審査します。審査内容は職業や勤務先、勤務年数、本人や保証人の収入といった項目になります。また、いろいろな項目の費用も必要になります。具体的には「敷金：修繕費用や家賃滞納に充てるための預け金。退去時に清算が一般的」「礼金：大家にお礼として支払うお金」「仲介手数料：仲介した不動産会社に支払うお金」「前家賃：入居した月の家

賃」「火災保険料：火災や水漏れ，盗難等の保障」「鍵の交換費」の 6 項目が基本です。金額や支払い義務の有無は，物件によって異なります。

【保証人】　保証人とは，一般的に「身元を保証する人」の意味で使われますが，ここで言う保証人は，いわゆる「賃貸保証人」の事を指します。民法上では，賃料の保証債務を負う「連帯保証人」をいいます。たとえば，借主が何らかの事情で家賃が払えなくなった場合や突然いなくなってしまった場合に，代わって支払いをしたり，荷物を引き取ったりなどという義務を負う人ということになります。こうした重い責任は，通常「親族」に限定されている場合が多く，親族であったとしても支払い能力があることが前提となります。連帯保証人の収入が少ない場合には，2 人立てるケースもあります。

12-02　留学生の宿舎事情

　もっと外国人の住宅事情を知るために，留学生の宿舎事情を覗いてみましょう。外国人の中でも留学生は，よく住宅問題に悩まされるといいます。その理由として，就業していないことから入居条件をクリアすることが難しく，特に身元保証の条件を満たすことが簡単ではありません。そのため，学校や自治体などの宿舎や寮に入居することが最優先ですが，やむなく一般的な公営住宅や民間のアパート・マンションといった形態の住居を選択する場合には，課せられた条件をクリアしていく必要があります。実態調査から留学生の事情を一緒に考察してみましょう。

● 分析の視点❶：要保証人率を読む

　日本学生支援機構が隔年で行なっている留学生の生活実態調査を見てみると，住居を契約する際に保証人が必要な割合は，年々減少傾向にあるとのことです。平成 19 年度では，全体の 70％が「保証人が必要である」と回答していたのが，平成 21 年度には 63.7％になり，平成 23 年度には 56％にまで下がってきました。「宿舎形態別・要保証人率」のグラフをみると，大学・学校の留学生用宿舎以外は，軒並み「要保証人率」が減少傾向にあることがわかります。特に民間アパート・マンションに関しては，保証人を求められる傾向が大分軽減され，平成 19 年度には約 80％であった要保証人率も，平成 23 年度には 63.1％まで減少しました。
　これには，近年の賃貸物件の全国的な「空き家率」の上昇が背景にあると言われています。首都圏や大都市圏でマンションの建築が相次いでいることや地方では高齢化による過疎が起因していることもあり，長期的にみると賃貸住宅市場の需給のバランスを脅かすことになりかねません。そうした傾向を防ぐためにも，高齢単身者や外国人の入居希望者を視野に入れた事業展開が重要視されるようになり，それが留学生の要保証人率の低下にもつながってい

12 ともに住まう

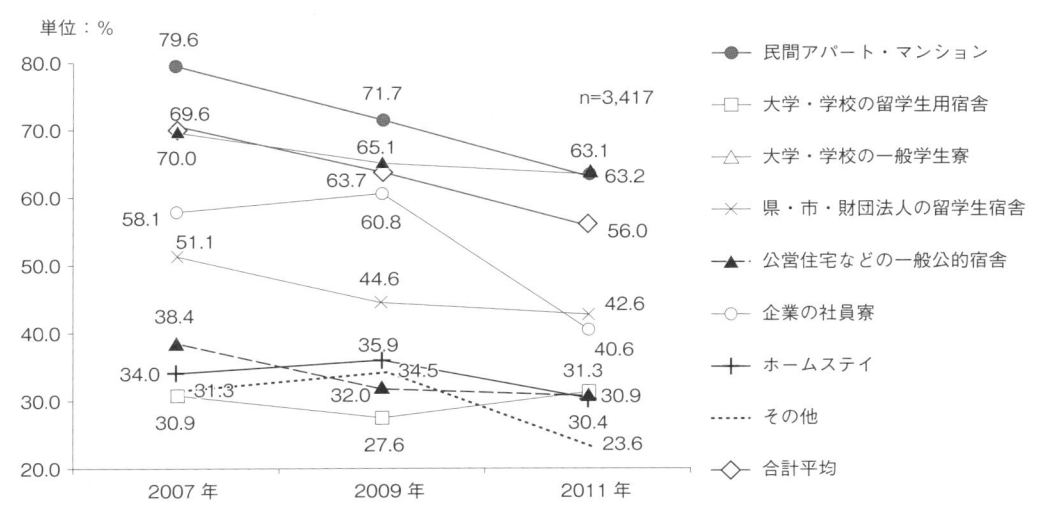

単位：％

図12-3 留学生アンケート調査：宿舎の形態別・要保証人率（日本学生支援機構（2012）を元に作成）n=6,193

ると考えられています。しかし，教育機関が提供する宿舎施設に比べると，依然その数値は高く，その傾向は公営住宅などの一般的な公的宿舎でも同じです。

● 分析の視点❷：保証人は誰か

いずれにしても，保証人は日本在住であることが前提のため，留学生のみならず，在住外国人にとっては探すことが容易ではありません。では，どんな人が留学生の保証人を引受けているのでしょうか？

「平成23年度　留学生の宿舎の保証人」のグラフ（図12-4）をみると，教育機関及びその代表者か関係者が多いのが目立ちますね。頼る身内がいない留学生にとっては，当然の結果だ

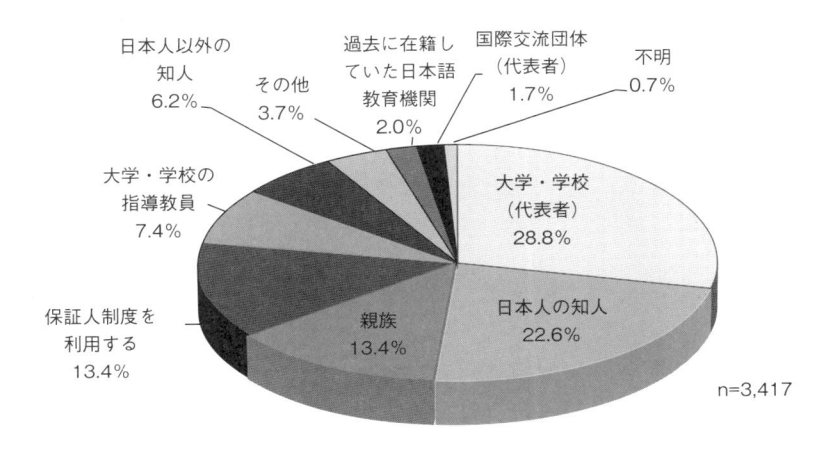

図12-4 留学生アンケート調査：宿舎の形態別・要保証人率（日本学生支援機構（2012）を元に作成）n=3,417

と考えられます。しかし，その中でも「保証人制度を利用する」が13.4％と「親族」と並んで，3番目に大きな割合を占めているのは，日本における住宅事情の変化如実に反映しているのではないかと思います。

これまでは，賃貸住宅業界にとって問題児だった「外国人」が，一転「顧客」として重要視されるようになったことから，今後は保証人制度の利用が増加の一途を辿るのではないかと推測されます。そうなると，外国人にとっても日本で暮らすことがもっと魅力的になり，より理想的な「とも住まう」環境が期待できるのではないでしょうか。

【保証人制度】　　賃貸契約を締結する際に借主側に保証人を頼める人物がいない場合，保証専門の企業や信販会社などが代わって連帯保証人に近い役割を担ってくれる制度の事を指します。こうしたシステムを「機関保証」といいますが，借主と保証契約を結び，賃貸契約期間中に借主が滞納した家賃などを一定範囲内で立て替える制度です。

また，このような機関保証を行う事業を「家賃債務保証事業」といいます。近年，個人志向の高まりや家族間・親族間の関係性の希薄化といった傾向が強まり，身寄りのいない単身者や高齢者も増えている中，日本人でも保証人を立てるのが困難な人が増えてきています。そうした社会背景を踏まえ，賃貸住宅への入居手続きの円滑化，合理化を目指す意味でも家賃債務保証事業の普及が進んでいます。実際に機関保証制度を利用した賃貸物件は年々増加しており，こうした動きは，日本で生活をする単身外国人にとっても強い味方になると期待されています。

> ●グローバルクイズ
> ①日本に居住する外国人は，文化や習慣の違いに多くの戸惑いを感じているようです。あなたは外国人が日本での生活をもっと快適に送れるようにするためには，どんなサポートが必要だと思いますか？
> ②参考資料をみてみると，外国人の地域行事への参加率は高くないようです。どんなことが要因だと思われますか？　また，改善のためにはどんな取り組みが必要だと思いますか？
> ③参考資料によると，地域の自治会は在住外国人にいろいろな働きかけをしているようです。それぞれの働きかけに対してどう思われますか？　この他にもよいアイデアがあったら，教えてください。

参考資料

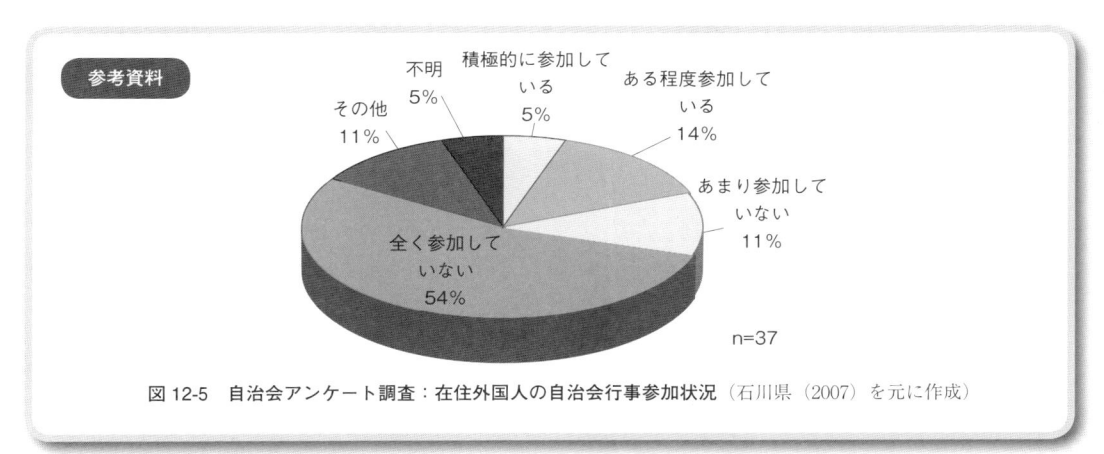

- 積極的に参加している 5%
- ある程度参加している 14%
- あまり参加していない 11%
- 全く参加していない 54%
- その他 11%
- 不明 5%

n=37

図 12-5　自治会アンケート調査：在住外国人の自治会行事参加状況（石川県（2007）を元に作成）

参考資料

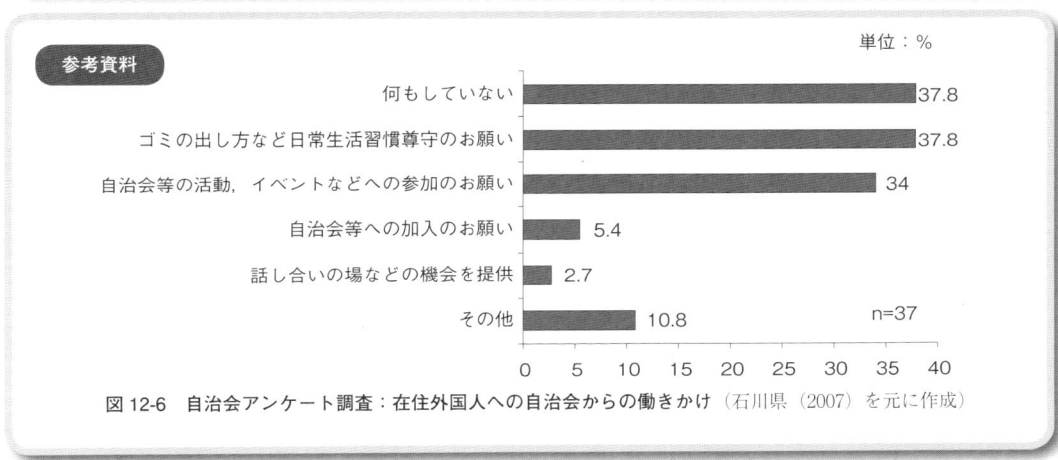

単位：%

- 何もしていない　37.8
- ゴミの出し方など日常生活習慣尊守のお願い　37.8
- 自治会等の活動，イベントなどへの参加のお願い　34
- 自治会等への加入のお願い　5.4
- 話し合いの場などの機会を提供　2.7
- その他　10.8

n=37

図 12-6　自治会アンケート調査：在住外国人への自治会からの働きかけ（石川県（2007）を元に作成）

●コラム：人口減少時代を話し合う

　7章でふれたように加速する人口減少と枯渇する労働力に対応しするための移民受け入れの必要性が指摘されています。

　20年後には，団塊世代は80代となります。2010年時点で日本の約8173万人の生産年齢人口が，2030年には約6773万人へと減少するといわれています（国立社会保障・人口問題研究所, 2012）。このような人口変動に対処するために移民受け入れを選択するという移民受け入れ論は，合理性をもっています。

　しかし，単に外国人を「労働力」と捉え，「枯渇する労働力をいかに補っていくか」というアプローチに偏重しないことが重要です。本書44頁や68頁のようなディスカッションの際には，さまざまな要因を話し合ってください。例えば，新規移住者は，先輩格の移住者を頼って移動し，リーダー格の移住者の多い連結点に集中する傾向があります。また，孤立し困窮する移住家族は，負のサイクルから抜け出せないことを考慮しなければなりません。

　移民は自己実現の希望をもって越境し，やがて老後を迎えるといったライフサイクルの視座は，生身の人間としての「移民の人生」を考えることになります。統計データを読み解くときに重要なことは，「移民の人生」という長期的展望をもつことなのです。

13 ともに街をつくる

：まちづくりと助け合い，観光客の減少

オーラル・ヒストリーは，相互の人生観を共有し，外国人集住地区の接触領域に，顔の見える親密圏を形成する。
偶発的な出会いによって「外国人」と「日本人」という二項対立から解放され，「ともに顔の見えるまちづくり」が始まる。

13-01 外国人観光客が訪れるまちづくり

　1990年代に入り，世界は急速にグローバル化へ向かい，「ヒト・モノ・カネ・情報」が猛スピードで地球を移動する時代に突入しました。物事も一国の出来事には収まらず，より大きな視野に立ってみる必要が強まってきましたね。その中でも「ヒト」の移動は，世界各国の経済や社会に大きな影響を与えるようになりました。日本では，とりわけ外国人観光客の増加と外国人が集住する都市の誕生が注目をされてきました。これらの「ヒト」の移動による変化は日本各地にどんな影響をもたらしたか，データを一緒に見てみましょう。

● 分析の視点❶：ビジット・ジャパン事業と震災

　みなさんは，日本年間どれ位の外国人が訪れると思いますか？　最も多かった2010年には，世界中から861万人もの人が日本を訪れました。訪日外客数は，ビジット・ジャパン事業がスタートした2003年を機に順調な伸びをみせ，4年後の2007年には1.6倍の835万人にまで大きく躍進しました。

　そのまま増加の一途を辿ると予測をされていた最中，世界を震撼させた「リーマン・ショック」の影響で大きく後退しましたが，2010年は再度Ｖ字回復をみせ，最多外客数を記録することとなりました。

　残念ながら，「東日本大震災（3.11）」の影響で，2011年は再度後退を余儀なくされましたが，2012年に入ってからは，前々年と肩を並べる勢いで訪日外客数が戻りつつあります。しかし，福島原発事故の爪痕は深く，日本全土での回復にはまだ至っていないのが現状です。訪日外国人にとっても安全で魅力的なまちづくりをしていくことで，日本各地の地域経済の活性化につなげていくことが大切です。

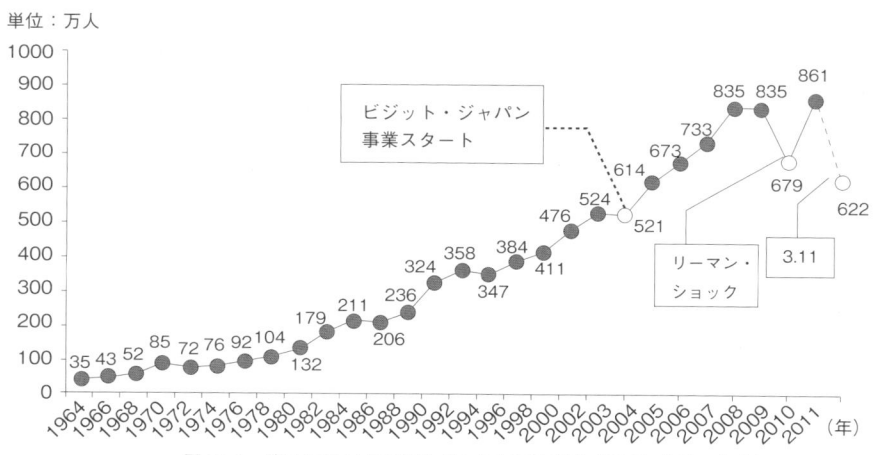

図13-1　訪日外国人数の推移（日本政府観光局（2012）を元に作成）

図13-2 訪日外客数（総数）の比較（日本政府観光局（2013）を元に作成）

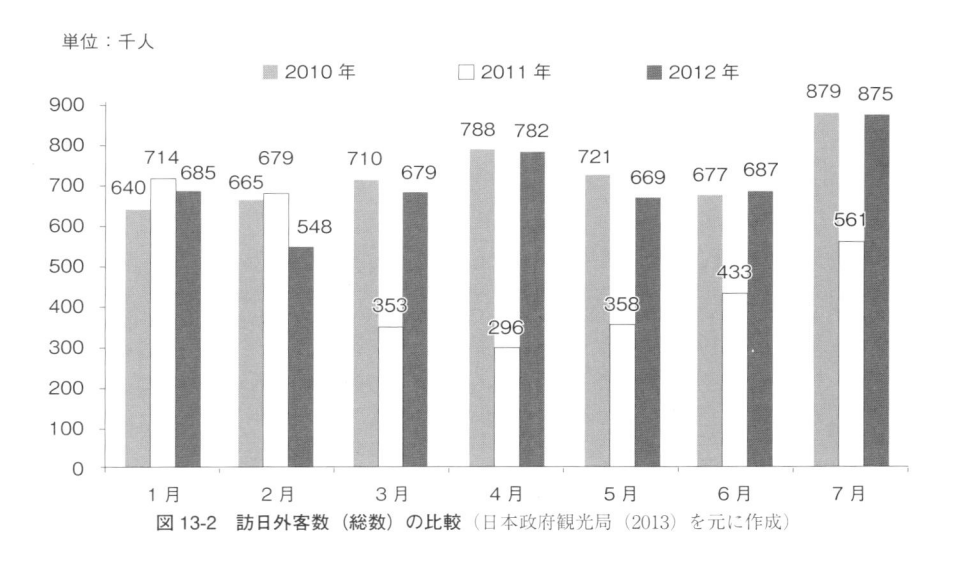

【ビジット・ジャパン事業】 日本政府が推進している訪日旅行促進事業のことを指します。具体的には，2013年までに1500万人，そして将来的には3000万人の訪日外国人数を目指し，観光を日本の基幹産業の1つとして育てようという計画です。国内だけでなく，海外現地にて広告宣伝・メディア招聘・現地旅行社への教育プログラムや商談会の開催など，各種プロモーション活動を展開し，より多くの外国人招致を目指しています。

【訪日外客数】 日本を訪れる外国人旅行者のことを指します。日本政府観光局（JNTO）が国籍別に「渡航目的別数」と「月別数」を調査しています。この場合の外国人旅行客とは，外国人入国者から日本に永住する外国人を除いた数となりますが，日本を経由して第三国へ向かうために日本に一時的に通過した「一時上陸客」は，含まれた数となります。渡航目的に関しては，観光・商用・その他に分類し，それぞれの客数と前年同月比を調査しています。

● 分析の視点❷：外国人観光客増加の影響

では，訪日外客数が増えると日本社会にはどんな影響があるでしょうか？　商用であろうと，観光であろうと，日本を訪れる人が増えることで，その人たちの飲食・宿泊・買い物といった日常の消費が日本で行われることによって，その分の経済効果があるのが大きなメリットとなります。特に外国人観光客の増加は日本各地の地域活性化につながり，観光スポットそのものだけでなく，飲食業や宿泊業，小売業といった周辺産業の収益にもつながるため，各地の経済にとっても大きな収入源となるのです。

また，日本は世界有数の技術国でもあります。日本製品は，諸外国の人々にとって羨望の対象であり，大金を叩いても惜しくない商品が街中にあふれていると言っても過言ではありません。また，日本を訪れた際に購入をすれば免税で入手できるため，外客の多くが買い物

に多くのお金を落としていくことも日本経済には大きなメリットですね。

13-02 外国人と暮らすまちづくり

日本を訪問する外国人だけでなく，日本に居住する外国人とも共生していけるまちづくりが日本各地で急務となっています。特に「ニューカマー」と呼ばれる南米日系人を中心とする外国人住民が急速に増えた都市では，さまざまな面において行政の対応が追いつかず，教育・就労・医療などの面におけるサポートが十分に行われていない問題が起きています。そうした事態を抱えた自治体が，外国人との共生を目指したまちづくりを共に連携して進めていこうとする動きが活発化してきました。ここではその動きを一緒にみていきましょう。

● 分析の視点：外国人集住都市会議から見えてくるもの

日本社会全体でみると，日本における居住外国人は，2010 年現在の数値で日本の総人口のわずか 1.7％位に過ぎません。この割合は，他の先進国と比較をすると非常に低い数値です。しかし，私たちの周りでは，外国人が急激に増えたと感じる人が少なからずいるのではないでしょうか。それはもしかしたら，外国人が集住している地域に住んでいるからかもしれません。実際に「外国人集住都市会議」の会員都市である 29 都市のそれぞれの総人口に占める外国人居住者の割合（外国人登録者数の割合）は，全国平均を大きく上回る都市ばかりです。

その中でも特に大泉市の 15.3％は他の都市を大きく凌ぐ数値です。大泉市は，「ブラジリアンタウン」として全国でもその名を知られていますが，山洋電機を中心とした工業労働の仕事が得られることで多くの南米系日系人を惹き付けています。街中には，日本語に混ざってポルトガル語の標記や看板があちこちで見られるのが大きな特徴です。

居住外国人のうち，ブラジル人の割合が多いという傾向は，大泉市だけではなく，上田市と飯田市を除いた他の都市でもみられる現象です。日本全体でみると，居住外国人のうちでは中国人が現在最も大きな割合を占めていますが，外国人集住都市をみるとブラジル人の集住が目立ちますね。これは，派遣労働の担い手として「定住者」資格[1]で来日していることから，仕事の関係上特定の都市に集中しやすいと考えられます。

では，外国人が集住をすることで，どんな問題が生じるのでしょうか？　外国人集住都市会議では，実に多岐にわたる諸問題に対処していると言われています。特に近年では，景気の低迷による外国人住民の雇用問題が深刻化していることから波及される社会保障問題や子どもの教育問題がますます難しい局面を迎えています。

---

[1] 定住者（定住資格者）：1990 年に改定。タイ国内に一時的に庇護されているミャンマー難民で UNHCR が国際的な保護の必要性を認めている者やインドシナ難民，日系三世，中国残留邦人等が主な該当例となっています。在留資格としては，三年を超えない範囲で法務大臣が個々に定める期間，日本での居住を認められています。

13 ともに街をつくる

表13-1 外国人集住都市会議　会員都市における外国人集住の状況（外国人集住都市会議（2012）より一部抜粋）

都市名	総人口（人）	外国人登録者数（人）	外国人の割合（%）	登録者国籍第1位	登録者国籍第2位	登録者国籍第3位
伊勢崎市	211,173	10,424	4.9	ブラジル	ペルー	フィリピン
太田市	220,121	7,338	3.3	ブラジル	フィリピン	中国
大泉市	40,980	6,288	15.3	ブラジル	ペルー	フィリピン
上田市	162,538	3,845	2.4	中国	ブラジル	韓国・朝鮮
飯田市	106,678	2,387	2.2	中国	ブラジル	フィリピン
大垣市	164,306	5,283	3.2	ブラジル	中国	韓国・朝鮮
美濃加茂市	55,505	4,789	8.6	ブラジル	フィリピン	中国
可児市	101,333	5,765	5.7	ブラジル	フィリピン	中国
浜松市	816,848	25,138	3.1	ブラジル	フィリピン	中国
富士市	260,559	4,891	1.9	ブラジル	中国	フィリピン
磐田市	172,814	6,702	3.9	ブラジル	フィリピン	中国
掛川市	119,208	4,038	3.4	ブラジル	フィリピン	中国
袋井市	86,888	3,346	3.9	ブラジル	中国	フィリピン
湖西市	61,861	3,222	5.2	ブラジル	ペルー	中国
菊川市	48,537	3,159	6.5	ブラジル	フィリピン	中国
豊橋市	380,538	15,593	4.1	ブラジル	フィリピン	韓国・朝鮮
豊田市	422,830	14,068	3.3	ブラジル	中国	韓国・朝鮮
小牧市	153,344	7,748	5.1	ブラジル	中国	フィリピン
知立市	70,451	4,239	6.0	ブラジル	中国	フィリピン
津市	279,335	8,041	2.9	ブラジル	中国	フィリピン
四日市市	313,683	8,276	2.6	ブラジル	韓国・朝鮮	中国
鈴鹿市	202,142	8,015	4.0	ブラジル	ペルー	中国
亀山市	50,001	2,038	4.1	ブラジル	中国	フィリピン
伊賀市	98,691	4,561	4.6	ブラジル	中国	ペルー
長浜市	124,695	3,530	2.8	ブラジル	中国	ペルー
甲賀市	94,224	2,679	2.8	ブラジル	中国	韓国・朝鮮
湖南市	55,060	2,324	4.2	ブラジル	ペルー	韓国・朝鮮
愛荘町	20,981	777	3.7	ブラジル	中国	韓国・朝鮮
総社市	67,580	787	1.2	ブラジル	中国	韓国・朝鮮

【外国人集住都市会議】　　外国人住民が多数居住する都市の行政や地域の国際交流協会等が構成員となって，外国人住民の生活に関わる施策や活動状況に関する情報交換を行う組織です。2001年5月に設立され，現在では群馬・長野・岐阜・静岡・愛知・三重・滋賀・岡山の各県の外国人集住都市，計29都市が会員となっています。

　年ごとに座長都市を交代し，その時代背景に合った研究調査テーマを基に活動を進め，居住外国人の活動に関する規定の見直しや諸制度の改革に乗り出しています。特に日本語学習の仕組みづくりや災害時の会員都市間の相互応援協定など，さまざまな分野における施策の策定や協定の締結に力を注いできました。今後も外国人居住者が抱える問題の解決に向けた調査研究を基にし

て国や県といった関係機関への提言を行なっていくことを活動の目的としています。

●グローバルクイズ
①東日本大震災では，多くの外国人が訪日をキャンセルしました。急激な外国人観光客の減少は，日本にどんな影響を与えたと思いますか？
②「リーマン・ショック」の影響で多くの外国人派遣労働者が職を失い，帰国しました。工業分野での派遣労働を外国人労働者に担ってもらうことをどう感じますか？
③外国人が特定の都市や町に集住するとどんな問題が生じやすいと思いますか？

●コラム：外国人を惹き付ける日本文化の魅力
　みなさんは「クール・ジャパン」という言葉をどこかで聞いたことがあるのではないでしょうか？　ご存知の通り，「クール・ジャパン」とは，世界的に評価されている日本文化やソフト面での事象のことを指す言葉ですが，実は日本政府による対外文化宣伝と輸出政策として使われている戦略的用語でもあるのです。実際のところ経済産業省には「クール・ジャパン室」が設けられており，日本の文化やソフト産業の世界進出を戦略的に企画立案していることを知っていましたか？　その戦略の一環として，官民一体の事業や対外展開を検討する有識者会議も既に開かれています。世界で日本文化の価値が認められることはすばらしいことですね。

14 ともに老後を支えあう

:高齢者支援の現場・介護

かつて日本社会では，高齢者へのケアという相互行為は，家族介護が中心であった。
異文化間介護の時代を迎えて，介護とは自己実現に向かう質の高い経験であり人間形成の重要なプロセスであると認識されるようになった。高齢者ケアを通して，加齢の価値を知り，高齢期の発達課題が人生の「統合」である。

14-01　在住外国人の高齢化

　日本では，国民の「高齢化」が問題視されていますが，居住外国人も例外ではありません。2011年現在の外国人登録者数は約208万人。その年齢別構成比をみると25〜29歳が占める割合が最も大きく，人口ピラミッドでみると20〜30代に人口が集中している理想的な「ひょうたん型」です。65歳以上の高齢者は，居住外国人の総人口からみた場合，約6%に過ぎません。しかし，長期的な推移をみると高齢者人口は徐々に増加し，約10年前の調査と比較すると約1.7倍に増加しています。グラフではその実態を考察してみましょう。

【高齢者】　「高齢者」の定義は国や社会によって変わりますし，主観的に線引きをされる場合も少なくありませんが，世界保健機関（WHO）の基準である「65歳以上」の人という区分を用いるのがグローバル・スタンダードとされています。また，各国・地域の人口の年齢構成をみる場合の区分では，14歳以下を「年少人口」，15〜64歳までを「生産年齢人口」，65〜74歳までを「前期高齢者」，75歳以上を「後期高齢者」と区分するのが一般的です。

【高齢化社会】　その国の総人口に占める65歳以上の高齢者の割合が増大した社会のことを指します。一般的には，高齢化率（65歳以上の人口が総人口に占める割合）によって区分をされ，高齢化率7〜14%未満を「高齢化社会」，14〜21%を「高齢社会」，21%以上を「超高齢社会」と分類されています。日本では国勢調査と人口推計の結果により，1970年（7.1%）に「高齢化社会」，1995年（14.5%）に「高齢社会」，そして2007年（21.5%）に「超高齢社会」になったとされています。

● 分析の視点❶：数と割合

　「年齢別登録外国人数」のグラフ（図14-1）をみると，生産年齢人口に当たる年齢層の人口が順調に増加傾向にあり，一見すると何も問題がないかのように見えますね。しかし，その下にある「居住外国人の年齢別割合」（図14-2）をみると少し様子が違うのがわかります。依然として，生産年齢人口が大きな割合を占めていますが，着実に在日外国人の高齢化も進んでいることがグラフから読み取れると思います。特に10代以下の若年層の割合の減少は著しく，替わって60代以上の年代層がそれぞれ存在感を増してきていますね。このように数だけでなく，割合にしてみることで，数字がもつ意味が変わることをぜひ覚えておきましょう。

● 分析の視点❷：居住外国人の高齢化がもたらすもの

　では，居住外国人の高齢化は，日本社会にどんな問題をもたらすと考えられますか？　もちろん高齢者が増えるので，これまでみなさんがニュースなどで見聞きしてきた高齢化の問

14 ともに老後を支えあう

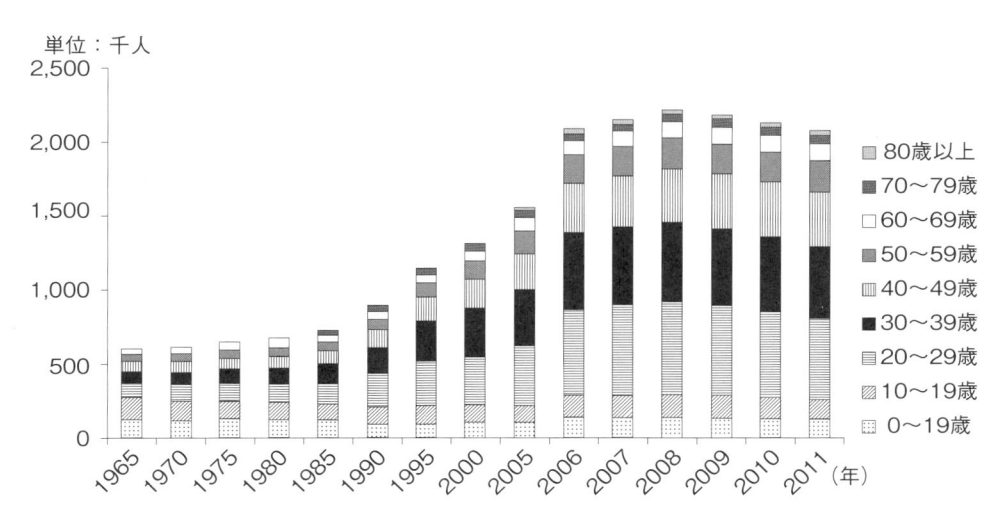

図 14-1　年齢別登録外国人数（法務省入国管理局「登録外国人数」を元に作成）

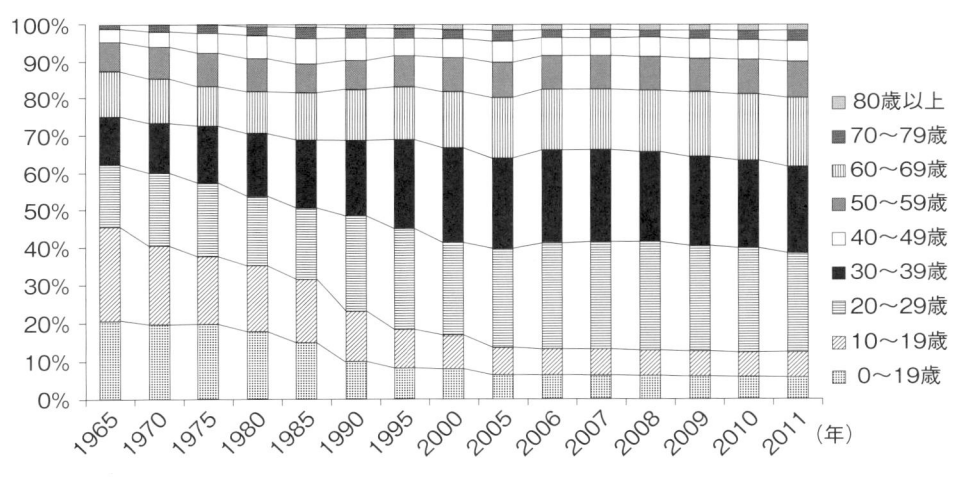

図 14-2　居住外国人の年齢別割合（法務省入国管理局「登録外国人数」を元に作成）

題点もありますが，一方で日本人とは異なる問題点を幾つも抱えています。1つは「社会保障」がきちんと受けられるかという問題です。中でもオールドカマーの高齢者たちが抱えている「無年金」問題は，各自治体でよく議論される問題です。居住外国人が国民年金に加入可能になったのは1982年。それ以前は国籍条項[1]があり，加入が許されていなかったために，居住外国人高齢者の中には「無年金」状態の方が数多くいます。そうした人たちの状況を打開するために自治体によっては個別に「福祉給付金制度」を作り，年金に代わる給付金を救済措置として支給しているところもあります。

また，外国人高齢者の介護に関してもいろいろな問題が生じています。2000年より，日本

1）国籍条項：「日本人に限る」と国籍の制限が設けられている条項のことを指します。

に1年以上在住している外国人に対しては介護保険が適用されることになり、より住みやすい環境となってきましたが、言葉や生活習慣の違いが壁となり、介護の現場ではコミュニケーションがうまくいかないことも多々発生しています。特にオールドカマー高齢者の中には戦前戦後の貧困により就学経験の無い人も多く、介護保険サービスにかかわる文書が理解できないためにサービスを受けられずにいるケースも少なくありません。

14-02　外国人看護師・介護士の受入れ

少子高齢化により労働力不足が懸念されていますが、特に介護の現場では人材不足が深刻化しています。こうした現状を踏まえ、日本政府は経済連携協定（EPA）[2]により、インドネシア（2008年）とフィリピン（2009年）の両国から看護や介護の担い手として外国人の受入れを開始しました（表14-1）。この制度は、協定国から候補者を受入れ、一定の教育期間を経て国家試験を受験し、合格した者のみ正規の看護師・介護士として国内の病院で勤務するというものです。今後、私たちの身近な医療や福祉の現場といったところでも外国人と接する機会が増えていくと考えられます。

表14-1　EPAに基づく看護師候補者と介護福祉士候補者の受入れ状況
厚生労働省（2012）ならびに（財）国際厚生事業団（2012）より作成

	看護師候補者数		介護福祉士候補者数		看護師合格者数		介護福祉士合格者数	
	インドネシア	フィリピン	インドネシア	フィリピン	インドネシア	フィリピン	インドネシア	フィリピン
平成20年度	104	—	104	—	—	—	—	—
平成21年度	173	93	189	217	0	—	—	—
平成22年度	39	46	77	82	2	1	—	—
平成23年度	47	70	58	61	15	1	35	1
平成24年度	29	28	72	73	34	13	—	—
累計	392	237	500	433	51	15	35	1

【EPAに基づく看護師候補者】　候補者の要件として、インドネシアからの場合には、現地での看護師資格と実務経験2年以上、フィリピンからの場合にも、現地での看護師資格と実務経験3年以上を有することが課せられています。日本語能力検定N2級以上を取得している者は、すぐに「看護導入研修」に入ることができますが、そうでない場合には、訪日前及び訪日後に日本語研修をそれぞれ6か月、計1年間受講することが「看護導入研修」前に義務づけられています。「看護導入研修」修了後は、病院で雇用契約に基づいて就労研修に入り、看護補助業務に従事する

---

[2] 経済連携協定（EPA）：自由貿易協定（FTA）を軸として、関税や企業への規制を撤廃し、加えて、物流のみならず、人の移動、知的財産の保護、投資など幅広い分野での地域間協力と連携の強化を図る協定のことを指します。

傍ら，現場での看護の専門知識や技術を習得していきます。看護師国家試験の受験可能回数は3回までとなっており，合格者は日本で看護師として就労する資格が与えられ，在留期間も3年間の更新に上限のない在留資格となります。

【EPAに基づく介護士候補】　候補者の要件は，インドネシアの場合には，現地の看護学校を卒業した者，フィリピンの場合には，4年制大学を卒業し，かつフィリピン政府による介護士の認定を受けているか，あるいは，フィリピンの看護学校を卒業していることが課せられます。一定の日本語力がある者は，すぐに「介護導入研修」に入ることができますが，そうでない場合には，看護候補者と同じ期間の語学研修を受けます。

「介護導入研修」修了後は，介護施設で雇用契約に基づいて就労研修に入りますが，看護候補者とは異なり，介護福祉士国家試験の受験は基本的に1回のみとなります。合格者は，看護師と同じ在留資格を取得することが可能です。

● 分析の視点❶：さまざまな懸念

日本の医療・介護人材の不足を補うことへの期待が高まっている制度ですが，開始当初よりさまざまな問題点が指摘されているという側面もあります。まず懸念をされたのが，待遇面での課題です。日本人よりも労働賃金の安い地域からの受入れは，かえって日本の既存の看護・介護労働市場に悪影響が及んでしまうのではないかという問題が持ち上がりました。それを踏まえ，受入側は日本人と隔たり無く，彼らを同じ待遇で受入れることが条件となっています。

次に，一番心配をされたのは「言葉」の壁です。医療用語は一般的な日本人からみても難しい用語が多く，ましてや外国人にとっては母語でないため，習得するのは簡単なことではありません。候補者たちは就労研修中も日本語の継続学習を行いますが，国家試験の合格につなげるのは並大抵の努力ではありません。受入れ側も言葉と専門知識の両方を同時に教えなければならないため，大きな負担となっています。

● 分析の視点❷：合格率の低さ

また，合格率の低さも大きな問題となっています（図14-3）。特に受入れ初年度の看護師試験は合格率0％だったことから，この制度そのものの可能性について疑問の声が上がりました。看護師試験の方は，在留期間3年のうちに最高3回まで受験可能ですが，全て不合格となった場合には帰国を余儀なくされます。受入れ側もせっかく育てても努力が水の泡と化してしまうという現実に悩まされています。こうした事態を改善するために2010年より本人のやる気や成績など一定の条件をクリアすれば，不合格となってももう1年滞在を延期できる制度ができました。しかし，まだ問題の解決には至っていない現状です。

一方，介護福祉士試験の方は，実務経験が3年間必要となるため，候補者たちの滞在期間

は，看護師候補者よりも1年多い4年間となっていますが，試験のチャンスは実質1回のみとなります。平成23年度に初めての外国人候補者の試験が行われましたが，受験者95人中36人が合格となりました。合格率は37.9%で，予想以上の合格率であったと評価されています。介護福祉士の方も一定の条件をクリアできれば，不合格でも1年間の在留延長が認められます。

まだ大きな成果とはいえませんが，徐々に合格率も上向きになり，ある程度の実績ができたことから，今後はベトナムからもEPAによる医療・介護人材を受入れる予定となっています。

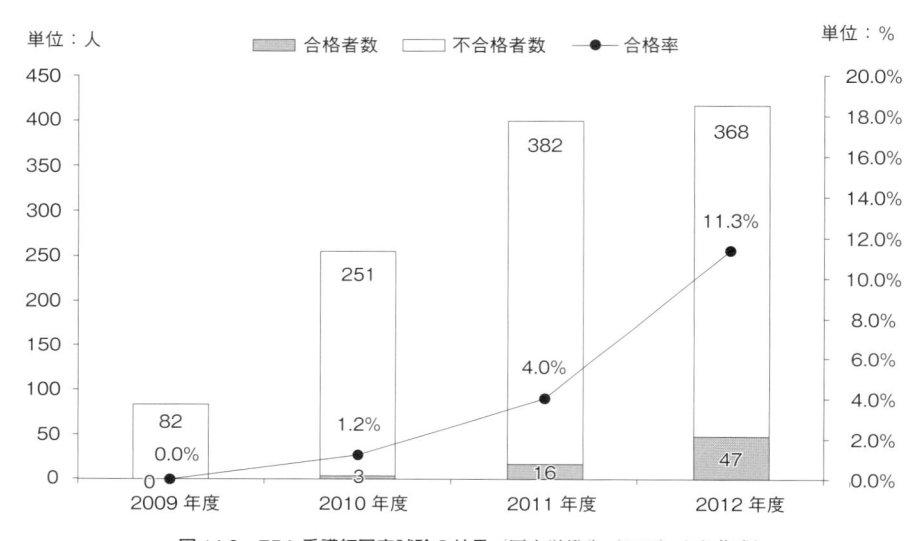

図14-3　EPA看護師国家試験の結果（厚生労働省（2012）より作成）

14 ともに老後を支えあう

●グローバルクイズ

①日本に居住する外国人が高齢化していくと医療や介護の現場でいろいろな問題が生じると予想されています。あなたは，具体的にどんな問題が生じると思いますか？

②外国人労働者の受入は，労働力や経済面での議論ばかりが先行し，共存していくための社会面での議論が置き去りにされてしまう傾向が強いと言われています。具体的に社会面ではどんな問題が生じると考えられますか？

③EPA協定により，これまで日本人以外の就労が認められなかった医療・介護の分野に外国人の就労が認められるようになりました。外国人看護師や介護福祉士の増加は日本社会にどんな影響を与えると思いますか？

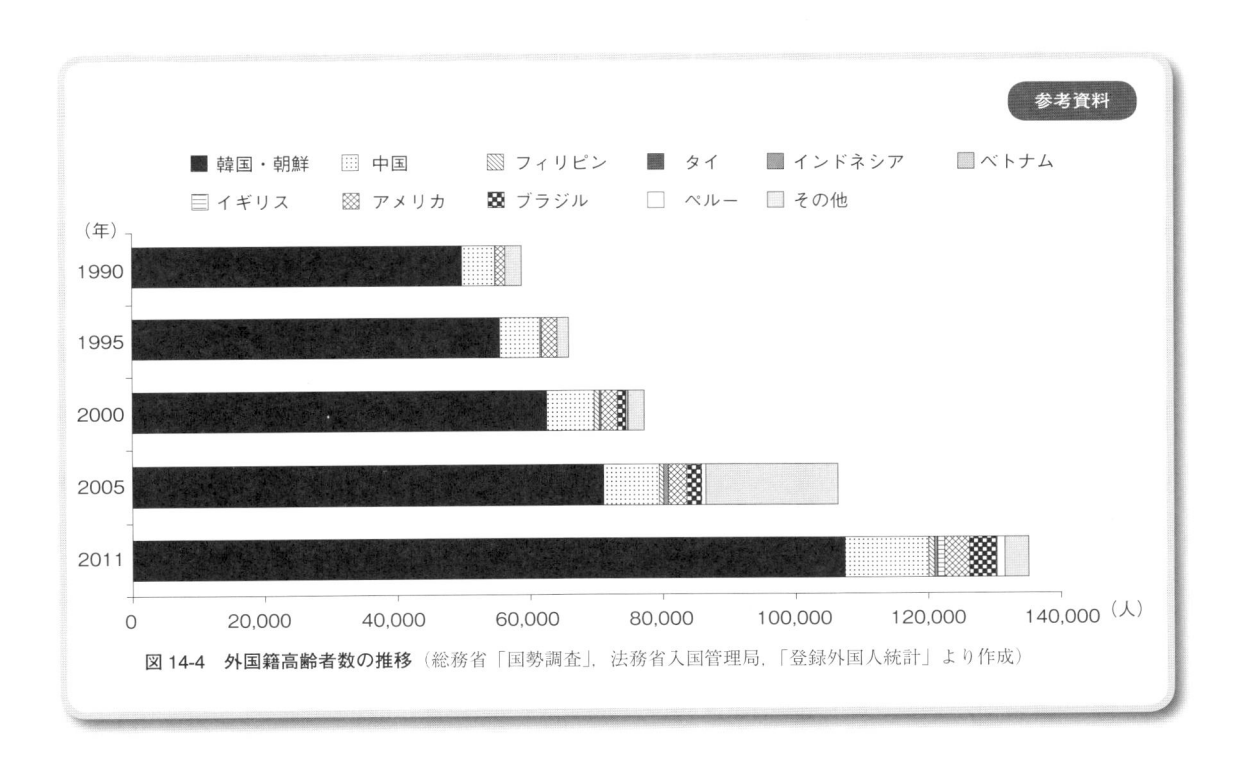

参考資料

凡例：■ 韓国・朝鮮　▦ 中国　▨ フィリピン　■ タイ　▩ インドネシア　▦ ベトナム　▤ イギリス　▨ アメリカ　▨ ブラジル　□ ペルー　▨ その他

図 14-4　**外国籍高齢者数の推移**（総務省「国勢調査」，法務省入国管理局，「登録外国人統計」より作成）

15 ともに弔い・祈る

: 宗教施設・葬儀・墓地・埋葬

　人が死に直面するとき，自らの人生を俯瞰し，一度限りの人生に納得し，祖父母の時代から次の世代への引き継ぎができることによって「幸福な老い」を実感する。
　そこに移民の世代のサイクルという視座が広がる。高齢者は他者の「ケア」を必要とし，老後を支えることは生の保障に直結している。

15-01　日本における宗教系列と信者数

　現代の日本社会には「神道」「仏教」「キリスト教」「イスラム教」「ヒンドゥー教」など，実に多種多様な宗教文化が混在しています。また，各宗教系列にも諸教派があり，異なる宗教団体組織を形成しています。世界中には，国そのものが宗教と深く結び付いている場合や宗教抗争によって国が二分してしまうケース，宗教による争いが地域戦争に発展する事例も少なくありませんが，日本の中では平和かつ自由に活動が行われています。実際にどのように各宗教系列が分布しているか数字を一緒に見てみましょう。

● 分析の視点❶：多様な宗教が平和的に共存

　日本は古(いにしえ)より「八百万(やおよろず)の神」を信奉する国であるといわれています。つまり，多神教的であり，いかなる神様をも寛容に受け入れる素養をもっている文化であるともいえます。しかし，世界に目を向けてみると，国が国民の信仰する宗教を制限しているケースもあります。もっと厳しいケースでは，宗教紛争により内戦に陥ってしまったり，あるいは，宗教対立により隣国と深刻な紛争を引き起こし，長期にわたる地域紛争に発展したりといったことも実際に起こっています。

　宗教は，元来教義を広めることで人の心を癒したり，正しい道徳心を養ったり，信徒の教育に尽力するといったことが活動の目的の主な部分であるべきなのですが，多くの人を動かす力があることから，政治的活動として利用されやすいという要素も持ち合わせています。それが極端な政治力と結びついたときに計り知れない力を持ち得ることから，世界中では「宗教紛争」といった惨事に発展するケースが少なくありません。紛争といかないまでも，同じ国の中で異なる宗教信者同士で仲があまりよくないといったケースは数多く存在します。日本に住んでいるとなかなか実感するのが難しいかもしれませんが，日本のように目立ったいざこざもなく，多文化な神様が同じ社会に平和的に共存できるのは，実は世界的にはまれですばらしいことなのです。

● 分析の視点❷：把握し難い実態

　日本に居住する外国人が増加し，近年その国籍も多様化してきていることと比例して，日本社会における宗教団体も多様化が進んでいます。こうした傾向は，もっと統計に表れてもよいのですが，時系列にデータを見ても，毎年ほとんど変化が見られないのが実情です。

　これは一体どうしてなのか，ときっと疑問に思われると思います。しかし，新しく日本で活動拠点を築いている宗教活動団体は，必ずしも宗教法人としての届け出をしているわけではないため，その実態を把握するのは難しいと言われています。

　グラフ（図15-1）の中の「諸教」には，実にいろいろな宗教団体が含まれていますが，近年

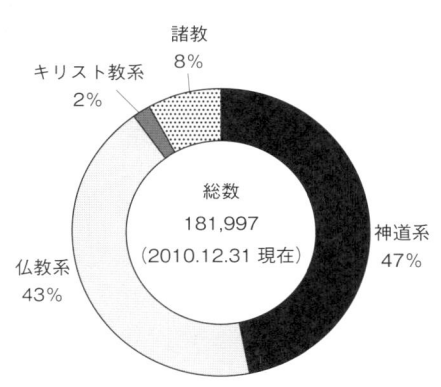

図 15-1a　日本における宗教系別法人教　　図 15-1b　日本における宗教系列別信者数（文化庁（2011）より作成）

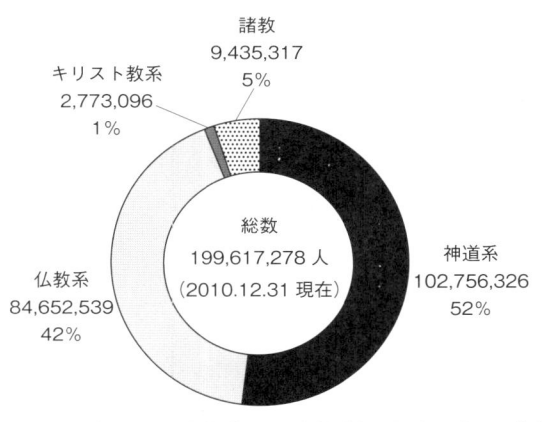

ここにも数が上がってこない団体も増えてきています。外国人が集住している地域などではミャンマー仏教の寺院やイスラム教のムスリム・モスク（回教寺院）などが見られますが，どの位の信徒がいるのかを把握するのは簡単ではありません。このように数字では見えないところで，宗教の多様化は少しずつ進んでいるのです。

【「宗教法人」とは】　「宗教法人法」にもとづいて法人格[1]を付与された宗教団体のことを指します。基本的には宗教活動が主な活動内容のため，非営利団体であることが前提となります。この性格上「公益法人」[2]の1つに分類されます。

宗教法人は，「単位宗教法人」と「包括宗教法人」に分類されています。前者は神社，寺院，教会布教所などの範疇（はんちゅう）に入る団体を指し，後者は主に「宗派」や「教団」といわれるもので，単位宗教法人を包括し，構成要素として共通の宗教上の目的のもとに活動をしている組織のことを意味します。

【「宗教系列」とは】　文化庁により，由緒・沿革・教典・教義・儀式などから大きく「神道系（しんとう）」「仏教系」「キリスト教系」「諸教」の4つに分類されています。

「神道系」は更に神社神道系，教派神道系，新教派系に分類され，仏教系は天台系，真言系，浄土系，禅系，日蓮系，奈良仏教系，その他に，そして，キリスト教系も旧教，新教に分類されています。

「諸教」は，4つの系列の各系統のいずれにも入らないものが分類をされています。古くからある教団としては，天理教，円応教などがありますが，諸教に分類される教団の多くは比較的新しい教団が多いのが大きな特徴です。

1）法人格：法律にもとづいて団体に与えられる法律上の人格のことを言います。この人格を与えられるということは，法律によって規定された法人としての権利能力が付与されることを意味します。取得する法人格によって，権利能力は異なります。
2）公益法人：一般団体法人，一般財団法人のうち，公益性の認定を受け，公益（社会全般の利益）を目的とする事業を行う法人の事を指します。

15-02　弔いの選択と墓地

　宗教が異なると弔い方も異なるのが一般的な認識ですね。しかし，宗教の枠を超えたそれぞれの国の事情というのもあります。たとえば，日本のように国土の70%が山岳地帯の場合，できるだけ土地を有効活用したいという社会通念があると思います。そうすると必然的に墓地に多くの土地を割くことが困難となります。そうした考え方が弔い方にも影響し，宗教的慣習よりも社会的常識が勝ることがありますが，宗教によってはどうしてもそうした社会常識に則って割り切った弔い方をすることが難しい場合もあります。そうした背景を踏まえつつ，日本での弔い方についてデータをみてみましょう。

● 分析の視点❶：埋葬方法

　図15-2を見ると日本における遺体の埋葬は「火葬」が主流となっているのがわかりますね。

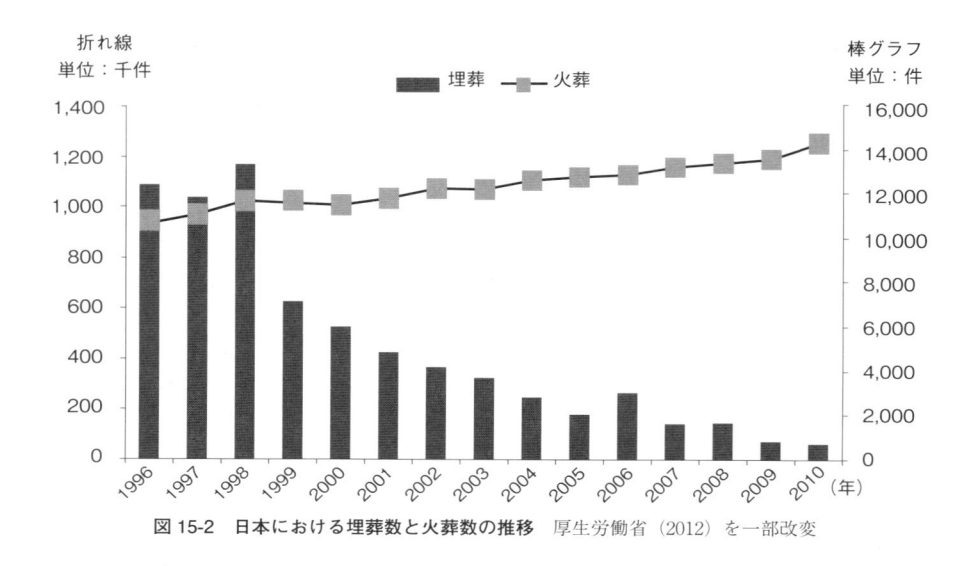

図15-2　日本における埋葬数と火葬数の推移　厚生労働省（2012）を一部改変

　海外では遺体をそのまま土中に埋葬する方法が一般的ですが，日本も昔は同じでした。しかし，可住地面積[3]が狭いことから火葬が主流となり，家族の墓に複数人が合祀される方法へとシフトしていきました。現在でもこの方法が最も一般的ですが，グローバル化が進むにつれて，新たな埋葬文化が入り，埋葬方法も実は多様化し始めています。
　たとえば，最近有名人が行うようになって注目をされ始めているのが「自然葬」です。お墓は作らず，自然界へ帰るという方法ですが，山や海へ散骨をするといった方法を取ること

5）可住地面積：農地や道路も含め，居住地に転用可能な既に開発された面積の総計を指します。

が多いです。但し，散骨した場所の上に土をかけてしまうと，焼骨を土中に埋葬したと見なされてしまうため，この場合は違法行為となります。

【埋葬方法】　日本で遺体を埋葬するには「墓地，埋葬等に関する法律」に則って行わなければなりません。法律上「埋葬」は，死体を土中に葬ることを言い，「火葬」は，死体を葬るために焼くことを言います。また，一度埋葬した死体を他の墳墓[4)]に移したり，若しくは収蔵した焼骨を他の墳墓や納骨堂[5)]に移したりすることを「改葬」といいます。いずれの埋葬行為を行う場合にも，行おうとしている地域の市町村長の許可を受けなければならない決まりになっています。また，遺体（死体）は，定義上妊娠4か月以上の死胎を含みます。

● 分析の視点❷：経営主体墓地

埋葬方法と同様にお墓も多様化しており，時代の変化の片鱗を垣間見ることができます。特に最近増えてきているのが宗教法人や地方公共団体が運営する納骨堂や合祀墓です。生涯独身であったり，後継者がいなかったりする場合，個人でお墓を購入すると将来的に無縁仏になってしまう可能性が高いため，永代供養料といったものを納め，自分自身が亡くなった後も運営団体が責任をもって供養をしてくれるというシステムです。多くの場合は，建物の中にロッカー式・仏壇式といった様式で遺骨が納められています。最近では技術が進み，コンピュータ管理の納骨堂なども出現しています。言い換えると，「ハイテク納骨団地」といったところでしょうか。

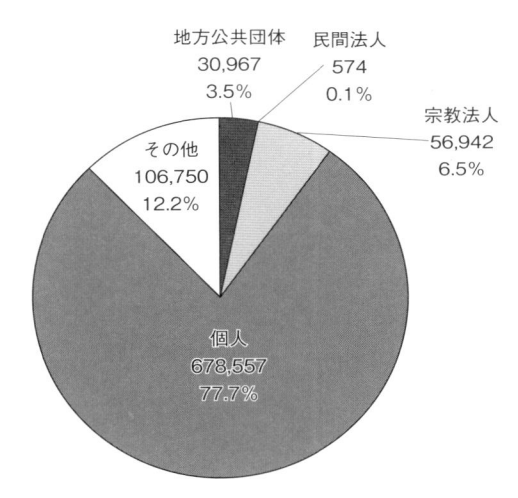

地方公共団体　30,967　3.5%
民間法人　574　0.1%
宗教法人　56,942　6.5%
その他　106,750　12.2%
個人　678,557　77.7%

図15-3　経営主体墓地の割合　厚生労働省（2010）を一部改変
注）東日本大震災の影響により，宮城県の仙台市以外の市町村，福島県の相双保健福祉事務所管轄内の市町村及びいわき市は含まれていない。

3）墳墓：死体を埋葬し，又は焼骨を埋蔵する施設のことを指します。
4）納骨堂：他人の委託を受けて焼骨を収蔵するために，納骨堂として都道府県知事の許可を受けた施設のことを指します。（「墓地，埋葬等に関する法律」より）

【墓地の経営主体】 墓地は，個人でも法人でももつことが可能です。売り出された区画を個人で購入するのが日本では最も一般的ですが，宗教法人や地方の公共団体が持ち主となって管理している場合もあります。お墓は本来一基に一人を納骨するのが正式ですが，日本の場合，家族代々のお墓に数人の焼骨を収蔵していく方法を取っていることが多いのが大きな特徴です。しかし，個人でもつことが可能であったとしても自由に自分自身の土地に作ることはできません。自分の土地にお墓を作りたい場合には，法的に墳墓として認められる必要があります。

● 分析の視点❸ ：多様性への配慮

墓地管理のハイテク化が進む一方で，墓地を探すのに一苦労する宗教を信仰している人々がいることを私たちは無視することはできません。日本のように多様な宗教文化を受け入れる国でも，お墓となると土地問題が関わってくるため，解決は容易ではありません。たとえば，イスラム教徒を信仰するムスリムの人々は，教義が厳格で，火葬を禁忌とする戒律があります。特に火葬が主流の日本に住むイスラム教徒の多くは，墓不足に悩んでいます。日本国内にもムスリム霊園は少数ありますが，基本的に飽和状態で，今後土葬可能な墓地を開拓することは非常に困難な状態にあります。

世界的にみると，イスラム教だけでなく，火葬を禁忌とみる文化は少なくありません。そうした宗教や文化背景をもつ外国人居住者が増加し，日本国内でも改宗する自国人が増えていった場合，こうした問題はもっと顕在化してくると予想されます。しかし，物理的に土葬の墓地を増やしていくことは，日本社会にとっても容易なことではないため，新たな社会問題の火種となりかねません。

宗教や文化が変わるとその人の死生観も大きく変わってくるため，長年居住していても日本の風習や文化に合わせることが難しい場合もあります。人生の最期の弔いに対して，私たちどの程度まで多文化を受け入れるべきなのか，一人ひとりが真剣に考えるべき問題ではないでしょうか。

● グローバルクイズ
①人生の最期にあなたはどんな弔い方をしてほしいと思いますか？
②あなたが住んでいる街に居住する外国人で宗教上の問題で火葬ができない場合，あなたは自分の街でも土葬が可能になるよう配慮すべきだと思いますか？
③その理由も教えてください。

16

Appendix
メディア・リテラシー

：マスメディアの責任は重大

　移民政策は，国民のコンセンサスに対応して策定されることが多い。では，国民のコンセンサスは何から形成されるのでしょう。マスメディアの影響を最も強く受けていることは間違いありません。

　マスメディアの責任は重要です。ぜひこの点を議論してみましょう。

16-01 外国人は犯罪者が多い？

　少し前ですが，2000年に石原東京都知事（当時）が，「不法入国した多くの三国人・外国人が非常に凶悪な犯罪を繰り返している」と発言し注目されました。マスメディアにおいても，外国人犯罪が増加しているという主旨の発言はしばしばされ，みなさんの中にも，「外国人が増えると犯罪が増えるから嫌だ」，と思っている人も多いかもしれません。では，実際のところ，外国人犯罪は増加しているのでしょうか？　また，日本に来る外国人には犯罪者が多いのでしょうか？　統計でみてみましょう。

● 分析の視点❶：検挙件数・検挙人員

　「外国人」はここでは2つに分類されます。「来日外国人」と「その他の外国人」です。「その他の外国人」は永住資格者をもっている人たちが中心です。図16-1からは，検挙件数・検挙人員の両方でみても，「その他の外国人」の犯罪は，多少の浮き沈みを経験しながら徐々に減少していることが読み取れます。一方，これとクロスするかたちで，「来日外国人」犯罪が多くなっています。

　しかし「来日外国人」の検挙件数・検挙人員も，2005年と2004年をそれぞれピークに減

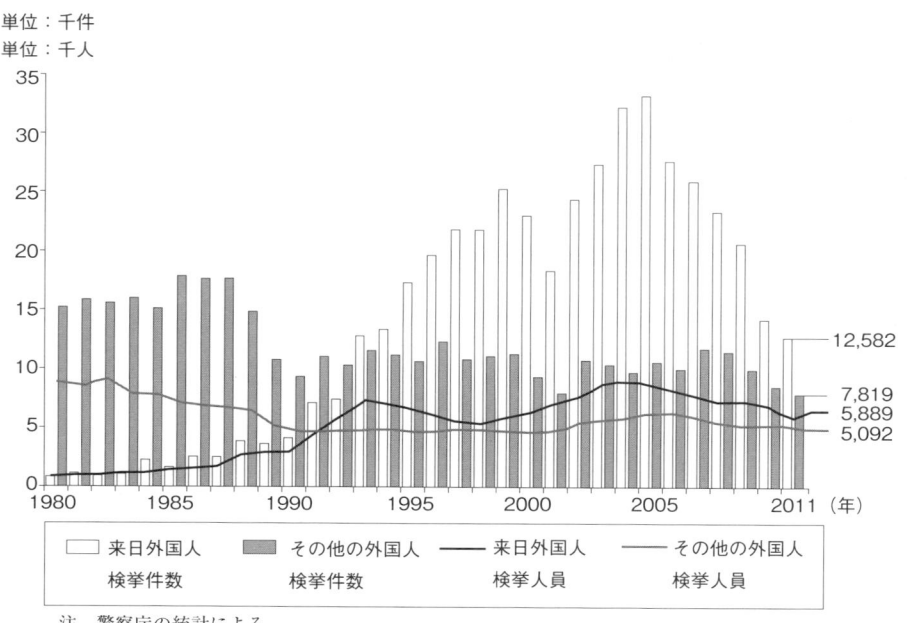

図16-1　外国人による一般刑法犯　検挙件数・検挙人員の推移　法務省（2012）を一部改変

少し，2011年には検挙件数がピーク時の半分以下になります。1993年から2008年ごろにかけて，検挙人数にくらべ検挙件数の増加が目につきますが，これは検挙者一人当たりの犯罪件数が多かったことを意味し，常習的犯罪者が多く含まれていたことが読み取れます。

【来日外国人と在日外国人】　「来日外国人」とは，「その他の外国人」である「永住資格のある者」と「米軍構成員など及び在留資格不明者」を除いた者です。「その他の外国人」は「在日外国人」ということもあります。「在日外国人」（☞15頁）の数は年々増えています。それにも拘わらず，検挙人員・検挙件数が減少傾向を示しているということは，「在日外国人」の中での犯罪率は明らかに減少してきていることを示しています。

【外国人の犯罪統計】　警察庁では毎年「平成〇〇年の犯罪」として犯罪統計をまとめており，この中では「外国人犯罪」が独立した項目として取り扱われています。検挙件数及び検挙人員が，年次別，罪状別，国籍別に調べることが可能です。また，「来日外国人犯罪の検挙状況」という統計を含んだ報告書が警視庁刑事局組織犯罪対策部から出されています。これらはすべて警察庁ホームページからダウンロードできます。

● 分析の視点❷：件数比率・人員比率

図16-2では，来日外国人犯罪が，日本の刑法犯検挙全体に占める割合を示しています。件数の比率でみると図16-1でみた件数総数とほぼ同じく2005年をピークに減少します。一方，人員比率では1992年ごろから一貫して2パーセント前後となっています。これは，検挙された外国人犯罪者が日本の犯罪者全体に占める割合はこの20年間ほぼ一定だったということです。つまり，警察の取り締まりが外国人に対してだけゆるくなっていなければ，過去20年間，外国人犯罪者の増減は日本人犯罪者の増減とほぼ同じ比率だった，言いかえれば，外国人犯罪が増えた時期には日本人犯罪も増えていたことを意味します。さらに，外国人入国者数自体は増加してきたことを考えるなら，外国人に占める犯罪者の数はこの20年で減少してきている可能性が高いことを意味します。

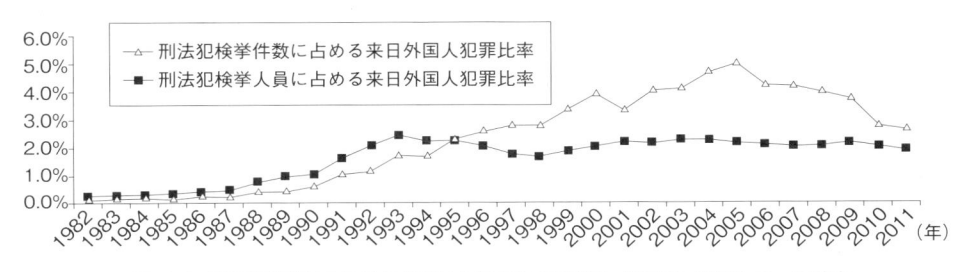

図16-2　刑事犯検挙に占める来日外国人犯罪比率の推移　警視庁（2012）を一部改変

16-02 凶悪犯は多いのか？

　先の図では，検挙数でみた場合，外国人犯罪が減少傾向にあること，また犯罪者比率も増えていないことを確認しました。しかし，総数が増えていないとしても，凶悪犯罪が増えているならば，やはり治安の悪化が懸念されることになります。確かに，外国人犯罪とされるものの中には，ATMや自動販売機を重機で壊し現金を奪ったり，「爆窃団」と呼ばれる外国人犯行グループが北海道と東京の貴金属店の外壁を破壊し侵入したりというように，一般的な日本人の感覚からは驚くような派手な事件も含まれています。ここでは「来日外国人」犯罪の内訳を確認し，凶悪犯罪が多いのか確認しましょう。

表 16-1　刑法犯，特別法犯の罪種別検挙状況　警視庁（2012）を一部改変

刑法犯

		2010		2011		増減数	増減率
刑法犯	件数	14,025		12,582		-1,443	-10.3%
	人員	6,710		5,889		-821	-12.2%
凶悪犯	件数	168		138		-30	-17.9%
		構成比	1.2%	構成比	1.1%		
	人員	191		147		-44	-23.0%
		構成比	2.8%	構成比	2.5%		
粗暴犯	件数	846		829		-17	-2.0%
		構成比	6.0%	構成比	8.6%		
	人員	938		960		22	2.3%
		構成比	14.0%	構成比	16.3%		
窃盗犯	件数	10,474		9,210		-1,264	-12.1%
		構成比	74.7%	構成比	73.2%		
	人員	3,457		3,060		-397	-11.6%
		構成比	51.5%	構成比	52.0%		
知能犯	件数	747		771		24	3.2%
		構成比	5.3%	構成比	6.1%		
	人員	522		432		-90	-17.2%
		構成比	7.8%	構成比	7.3%		
風俗犯	件数	96		88		-8	-8.3%
		構成比	0.7%	構成比	0.7%		
	人員	103		84		-19	-18.4%
		構成比	1.5%	構成比	1.4%		
刑法犯 その他	件数	1,694		1,546		-148	-8.7%
		構成比	12.1%	構成比	12.3%		
	人員	1,499		1,206		-293	-19.5%
		構成比	22.3%	構成比	20.5%		

特別法犯

		2010		2011		増減数	増減率
特別法犯	件数	5,784		4,690		-1,094	-18.9%
	人員	5,148		4,159		-989	-19.2%
入管法	件数	3,672		2,819		-853	-23.2%
		構成比	63.5%	構成比	60.1%		
	人員	3,189		2,435		-754	-23.6%
		構成比	61.9%	構成比	58.5%		
風適法	件数	327		261		-66	-20.2%
		構成比	5.7%	構成比	5.6%		
	人員	517		421		-96	-18.6%
		構成比	10.0%	構成比	10.1%		
売防法	件数	144		79		-65	-45.1%
		構成比	2.5%	構成比	1.7%		
	人員	90		63		-27	-30.0%
		構成比	1.7%	構成比	1.5%		
銃刀法	件数	80		94		14	17.5%
		構成比	1.4%	構成比	2.0%		
	人員	68		76		8	11.8%
		構成比	1.3%	構成比	1.8%		
薬物事犯	件数	738		698		-40	-5.4%
		構成比	12.8%	構成比	14.9%		
	人員	638		497		-41	-7.6%
		構成比	10.5%	構成比	11.9%		
その他	件数	823		739		-84	-10.2%
		構成比	14.2%	構成比	15.8%		
	人員	748		667		-79	-10.6%
		構成比	14.5%	構成比	16.0%		

16 Appendix メディア・リテラシー

【凶悪犯罪の増加】　凶悪犯罪とは，警察の統計で，殺人，強盗，放火，強姦の4犯罪をいいます。その中で強盗が多数を占めます。ところで，万引きが見つかり逃げようとして店員を突き飛ばし軽傷を負わせた，または，ひったくりで相手に怪我を負わせた場合など，以前は窃盗とされていたものが，今では強盗に分類されるようになりました。1997年以降の凶悪犯罪増加については，警察の姿勢が変わったことも大きな原因であるといわれています。

● 分析の視点❶：犯罪比率

表16-1では犯罪の内訳を示しています。犯罪比率をみてみると，刑法犯においては窃盗が73％と圧倒的多数を占めていることがわかります。また凶悪犯は全体の1.1％で，件数では138件，人員では147件です。次に，特別法犯では，入管法が60.1％とその大多数を占めます。入管法に関する犯罪は，不法滞在や外国人登録書の不携帯など，日本国内で日本人にはおきない犯罪です。入管法犯罪が統計データ上の外国人犯罪数を多くしていることがわかります（ただし図16-1，図16-2の刑法犯罪には入管法犯罪は含まれていません）。また，銃刀法を除いて，すべての犯罪で減少していますが，銃刀法はもともとの犯罪数が少ないことに注意が必要です。このように数がすくない時には，少しの数の変化でも増減率が大きくなり，傾向を把握しにくいことに留意しましょう。

● 分析の視点❷：凶悪犯罪の時系列的変化

図16-3では凶悪犯罪の時系列的変化が示されています。検挙人員・件数ともに，この5〜

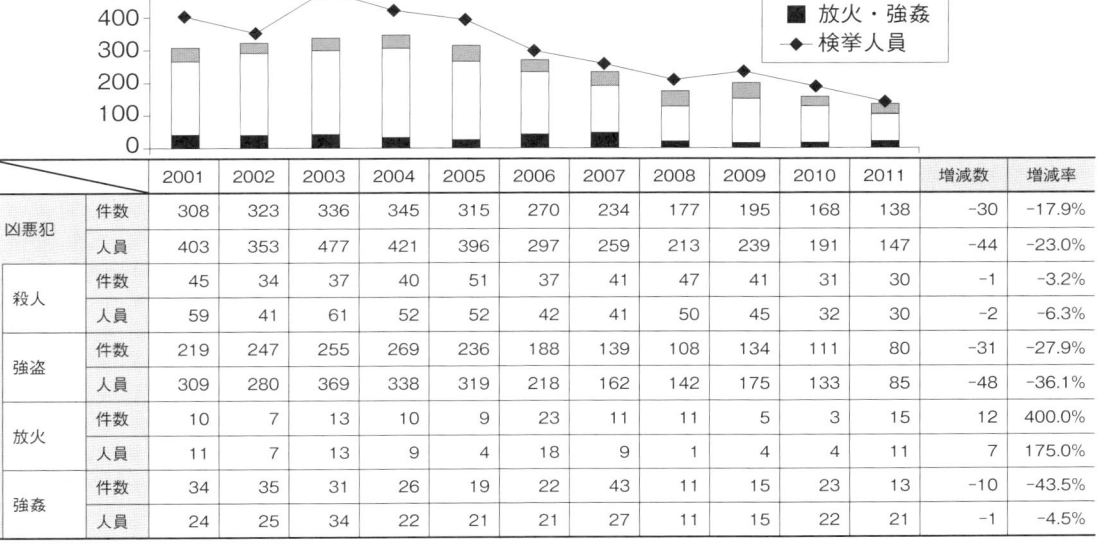

		2001	2002	2003	2004	2005	2006	2007	2008	2009	2010	2011	増減数	増減率
凶悪犯	件数	308	323	336	345	315	270	234	177	195	168	138	-30	-17.9%
	人員	403	353	477	421	396	297	259	213	239	191	147	-44	-23.0%
殺人	件数	45	34	37	40	51	37	41	47	41	31	30	-1	-3.2%
	人員	59	41	61	52	52	42	41	50	45	32	30	-2	-6.3%
強盗	件数	219	247	255	269	236	188	139	108	134	111	80	-31	-27.9%
	人員	309	280	369	338	319	218	162	142	175	133	85	-48	-36.1%
放火	件数	10	7	13	10	9	23	11	11	5	3	15	12	400.0%
	人員	11	7	13	9	4	18	9	1	4	4	11	7	175.0%
強姦	件数	34	35	31	26	19	22	43	11	15	23	13	-10	-43.5%
	人員	24	25	34	22	21	21	27	11	15	22	21	-1	-4.5%

図16-3　来日外国人の凶悪犯検挙状況の推移　警視庁（2012）を一部改変

6年は一貫して減少しています。検挙人数と検挙件数の差がありますが，これは外国人による凶悪犯罪では複数人による犯行が多かったことを示しています。特に強盗においてはその傾向が顕著です。

● 分析の視点❸：刑法犯認知・検挙状況

さて，今までみてきたものは，すべて「検挙件数」です。「検挙件数」の減少は，警察の取締まり能力の減退によるもので実際の犯罪は増えている可能性もあります。そこで，最後に日本全体での刑法犯認知・検挙状況についてみておきましょう。図 16-4 では検挙件数以上に認知件数の減少の方が大きいことが示されています。日本人と区別して外国人のみ検挙しなくなる特別な理由がないと考えれば，以上から外国人犯罪は実際に減少していると言えるでしょう。

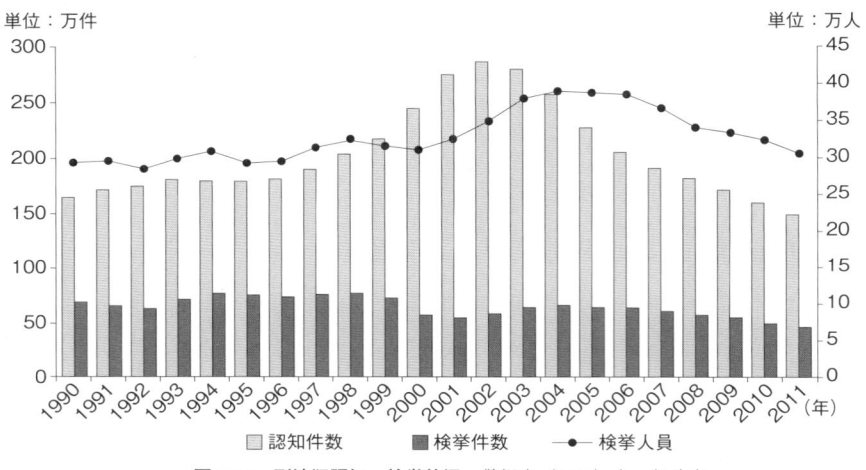

図 16-4　刑法犯認知・検挙状況　警視庁（2012）を一部改変

【認知件数と検挙件数】　犯罪の増減を把握するのには「認知件数（発生件数）」と「検挙件数」があります。実は，2つのうち認知件数の方が正確な情報です。警察が事件を送致・送付又は微罪処分した数を意味する「検挙件数」は，警察の取締り姿勢などに左右されるからです。しかし，外国人犯罪に関しては，検挙されるまでそれが外国人によるものかわからず「認知件数」を使うことはできません。

> ●グローバルクイズ
> ①外国人犯罪動向を把握する上での限界にはどのようなものがあるでしょうか？
> ②外国人犯罪の内訳は日本人犯罪の内訳と異なる特徴があるでしょうか？　調べてみましょう。

●コラム：自己の視点をもったメディア報道を

　外国人犯罪の背景には，日本社会のひずみや制度の矛盾が横たわっています。しかし，それが新聞やテレビで報道される際には，ひずみや矛盾よりも事件の特異性や残虐性ばかりが強調されます。その結果，報道によって，外国人の負のイメージが増幅されてしまいます。これはセンセーショナルな報道を志向するジャーナリズムの抜きがたい本性でもあります。

　凶悪事件が相次いだら国民に警鐘を鳴らそうとするのが警察です。より詳細な事件の情報を積極的に報道機関に提供するはずです。問題は，それをう呑みにして報道する現場記者が少なくないことです。外国人との接点がない記者は，犯罪に走った外国人の立場や心情までは思いをはせません。自らの報道が外国人への差別や偏見を助長することにも気づかないわけです。

　しかし，一部政治的な事件を除けば外国人犯罪自体はあんがい，わかりやすい構図のように見えます。多くはカネ目当ての犯行です。動機もある意味では単純なものが少なくありません。「相手は誰でもいいから」と街中で人を刃物で刺す通り魔事件のような犯罪はないでしょう。

　にもかかわらず，外国人犯罪の統計は十分に公開されてないのが現状です。法務省の犯罪白書にも突っ込んだ分析はありません。このため報道にも誤解が生じることが多々あり，外国人が犯罪を起こせば，「だから外国人は怖い」というステレオタイプの反応が生まれているのです。

　警察庁が外国人を「来日外国人」と「その他の外国人」に分類しているのも時代にかなったものとはいえません。「その他の外国人」に含まれる永住者など定住外国人を政府は「生活者」と呼んでいます。「生活者」は日本の法律に触れないよう，より慎重な行動をとっているはずです。「生活者」と犯罪目的で短期来日する一部の窃盗団などは，同じ外国人といって混同すべきではありません。

　警察は，捜査の段階で犯罪者の詳細な個人情報を収集します。外国人犯罪でも膨大な情報を元にその分析を相当くわしく行っているはずです。

　警察庁には，国籍別だけでなく，少なくとも在留資格別の犯罪統計を公表するよう求めたい。統計が非常にわかりにくいため，外個人犯罪が減少傾向にあるのに，「犯罪は依然多い」という印象をもつ人が多くなることは問題です。細かな点を含め統計を整理して発表すれば，外国人犯罪の実相が明らかになり，「外国人は危険だ」という一面的なイメージが少しは払拭されるはずです。

　在日コリアンが外国人の9割を占めていた1970年代までは，警察当局は外国人を治安対策の主要な対象とみていました。多文化共生社会を目指すいまも，その名残が残っているようです。メディアの側にも外国人への理解を深め，自己の視点と見識をもった報道が求められています。

（移民情報機構代表取締役　石原　進）

おわりに

　最後に下の多重知能 MI のレーダーグラフに青ペンで印をつけてみてください。最初のレーダーグラフに比べて創造力・思考力・独創性がトッピングされた美味しい MI ピザのようですね。
　あなたの多重知能の全体像が広がったことでしょう。

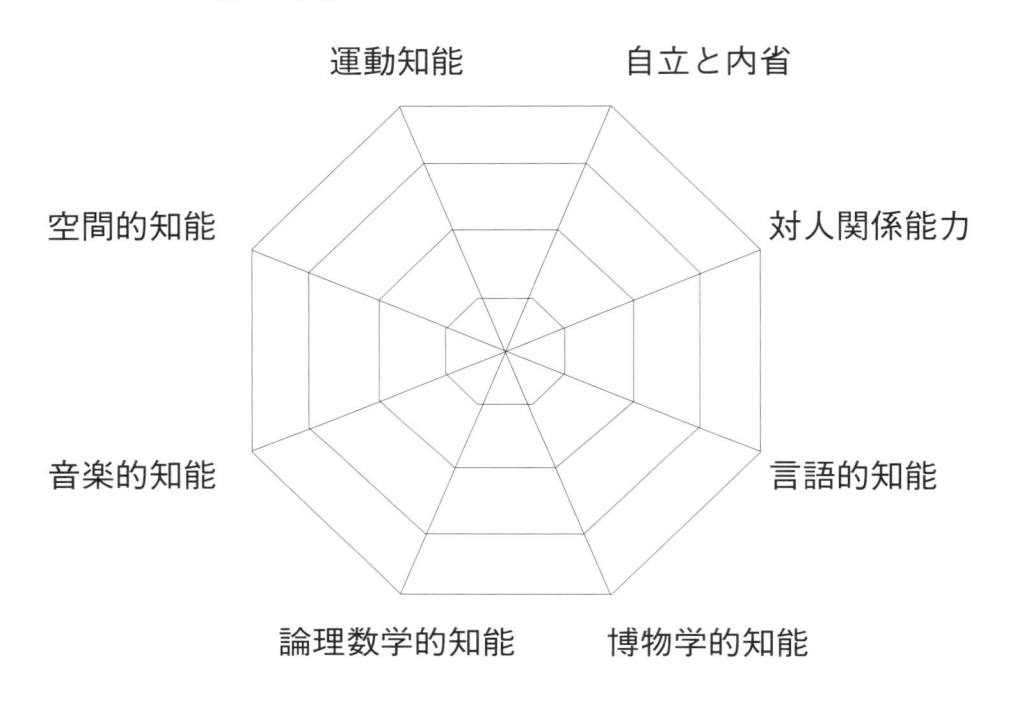

図1　多重知能理論のレーダーグラフ（アームストロングの MIPizza を参考に筆者作成）

　自分自身の論理数学的知能がより高く評価できるようになったことでしょう。統計数値を読み解く力は，人生のキャリア形成にも大切です。このように学習者中心の授業の展開は，既存の偏差値から解放されて，それぞれの多様性に着目できる点で大きな喜びを伴います。人の多様性は，多様な知性のコンビネーションの違いから形成されます。
　教師中心の授業（teacher-centered）から学生の知能の特徴や学習方法（learning style）の違いを重視した学習者中心の授業（learner-centered）になったことと思います。
　研究と教育は，大学という車の両輪です。本書『統計データから読み解く移動する人々と日本社会―ライフサイクルの視点から情報分析を学ぶ』は，研究を深めながら学生の基礎学力を伸ばしていく授業展開を可能にします。

多文化社会は，人の移動に併せて絶えず変化しており，新たなデータを必要とするようになった場合も応用できるように作成しました。

移民政策を考える基底に，人間の「生」と「死」という普遍性を包摂したことによって死生観や人生観，宗教を語り合うこともできます。

授業は白熱し，本音で語り合う姿勢ができてきます。学生が，主体性をもって統計データに興味をもつ瞬間は，まさにそういった時なのです。

最後に，本書の執筆の経緯をお話したいと思います。

筆者の勤務校である大東文化大学は，FD委員会はもとよりディシプリンを超えて初年次教育について話し合う場がありました。「初年次教育研究会」が開催され，学部の壁，専門分野の壁を越えて議論することが習慣づけられたのです。筆者は初年次教育研究会で，2001年から多重知能理論を援用した授業が，語学やプレゼンテーションなどへの苦手意識をいかに克服し，基礎学力を高めることができるかを発表しました。2001年より環境創造学部の入門ゼミコースで多重知能理論を援用し，偏差値の評価は1つの評価に過ぎず，人間には多くの隠された知能があることを強調してきたからです。

その後，教育熱心な郭潔蓉先生（当時，大東文化大学外国語学部非常勤講師）と統計データを読み解くことの重要性を語り合い，フィールドワークと統計分析を3年間ご一緒しました。ナカニシヤ出版の米谷龍幸氏とのディスカッションを大阪・京都・東京で重ね，静岡大学の原知章先生，城西大学の貫真英先生も加わって企画が軌道に乗りました。またマスメディアの責任についてというたいへん重要なトピックについてコラムをご執筆いただきました移民情報機構代表取締役の石原進氏に心より感謝いたします。

実際に静岡大学では，現在，フィールドワークに重点を置く初年次教育が展開され，フィールドワークの準備として，統計データを読み解く力が重要視されています。また，東京未来大学では，データベースから情報を的確に取得し，分析するスキルを身につけることを授業で実践しています。このような現場での経験も各章に活かされています。

各章は，編著者川村が担当する大東文化大学での「多文化社会論」「移民政策」「異文化間交流」の3つの授業で実験的に展開してみました。すると学生の集中力と発言力が向上していったのです。これからも学生主体型授業の展開に取り組んでまいりたいと思っております。

本書への忌憚のないご批判，ご叱正，ご感想をお待ちしております。

東日本大震災から2年が経過し，厳しい被災地の復興を祈りつつ。

2013年3月11日

川村千鶴子

引用・参考文献

まえがき・各章扉
エリクソン, E. H. ／村瀬孝雄・近藤邦夫［訳］(2001a)．『ライフサイクル，その完結〈増補版〉』みすず書房

エリクソン, E. H. ／西平 直・中島由恵［訳］(2011b)．『アイデンティティとライフサイクル』誠信書房

川村千鶴子［編］(2008)．『「移民国家日本」と多文化共生論——多文化都市・新宿の深層』明石書店

川村千鶴子［編］(2010)．『移民政策へのアプローチ——ライフサイクルと多文化共生』明石書店

総務省『国勢調査』

鑪幹八郎 (2002)．『アイデンティティとライフサイクル論』ナカニシヤ出版

ホイジンガ, J. ／高橋英夫［訳］(1969)．『ホモ・ルーデンス——人類文化と遊戯』中央公論社 (Huizinga, J. (1938). Homo ludens : proeve eener bepaling van het spel-element der cultuur, Haarlem: H. D. Tjeenk Willink & Zoon)

法務省入国管理局 『登録外国人統計』

文部科学省 (2004)．キャリア教育の推進に関する総合的調査研究協力者会議（平成 16 年 1 月 28 日）〈URL：http://www.mext.go.jp/b_menu/shingi/chousa/shotou/023/toushin/04012801/002.htm〔取得日：2013 年 3 月 18 日〕〉

論理数学的知能を伸ばそう
ガードナー, H. ／松村暢隆［訳］(2002)．『MI——個性を生かす多重知能の理論』新曜社 (Gardner, H. (1999). *Intelligence reframed : Multiple intelligences for the 21st century*. New York: Basic Books.)

川村千鶴子 (2001)．『創造する対話力』税務経理協会

第 1 章
江渕一公 (2000)．『文化人類学』放送大学教育振興会，358 頁

小田隆治・杉原真晃［編］(2012)．『学生主体型授業の冒険 2——予測困難な時代に挑む大学教育』ナカニシヤ出版

須藤敏昭 (2012)．『大学教育改革と授業研究——大学教育実践の「現場」から』東信堂

谷川裕稔［代表編集］(2012)．『学士力を支える学習支援の方法論』ナカニシヤ出版

ホイジンガ, J. ／高橋英夫［訳］(1969)．『ホモ・ルーデンス——人類文化と遊戯』中央公論社 (Huizinga, J. (1938). *Homo ludens : proeve eener bepaling van het spel-element der cultuur*, Haarlem: H. D. Tjeenk Willink & Zoon)

文部科学省 (2004)．キャリア教育の推進に関する総合的調査研究協力者会議（平成 16 年 1 月 28 日）〈URL：http://www.mext.go.jp/b_menu/shingi/chousa/shotou/023/toushin/04012801/002.htm〔取得日：2013 年 3 月 18 日〕〉

第 2 章
東京都夜間中学研究会 (2011)．『東京の中学校夜間学級に学ぶ外国人および帰国者等に関する調査』

（2011 年 10 月 1 日）
宮島　喬・杉原名穂子・本田量久［編］（2012）．『公正な社会とは』人文書院
宮島　喬（2012）．「外国人の〈教育を受ける権利〉と就学義務」宮島　喬・吉村真子［編］『移民・マイノリティと変容する世界』法政大学出版局

第 3 章

独立行政法人統計センター　『e-Stat 政府統計の総合窓口』〈URL：http://www.e-stat.go.jp/SG1/estat/eStatTopPortal.do〔取得日：2013 年 3 月 18 日〕〉総務省統計局
アジア経済研究所　『アジア動向データベース』〈URL：http://d-arch.ide.go.jp/infolib/meta/MetDefault.exe?DEF_XSL=FullSearch&GRP_ID=G0000001&DB_ID=G0000001ASIADB&IS_TYPE=meta&IS_STYLE=default〔取得日：2013 年 3 月 18 日〕〉日本貿易振興機構
The United Nations Statistics Division (UNSD) *UNdata: a data access system to UN databases* 〈URL：http://data.un.org/〔取得日：2013 年 3 月 18 日〕〉
European Commission *Eurostat* Home〈URL：http://epp.eurostat.ec.europa.eu/portal/page/portal/eurostat/home/〔取得日：2013 年 3 月 18 日〕〉
OECD 東京センター　『主要統計』〈URL：http://www.oecdtokyo.org/pub/statistics.html〔取得日：2013 年 3 月 18 日〕〉

第 5 章

箕浦康子（1995）．「異文化接触の下でのアイデンティティ」『異文化間教育 9 号』異文化間教育学会，アカデミア出版会

第 6 章

総務省（2010）．『日本の長期統計系列』「2-12 表」〈URL：http://www.stat.go.jp/data/chouki/zuhyou/02-12.xls〔取得日：2013 年 2 月 1 日〕〉
法務省（2005-2011）．『出入国管理統計統計表』「出入（帰）国者数」〈URL：http://www.moj.go.jp/housei/toukei/toukei_ichiran_nyukan.html〔取得日：2013 年 2 月 1 日〕〉
法務省（2011）．『登録外国人統計（2010 年）』「10-99-01 表」〈URL：http://www.e-stat.go.jp/SG1/estat/Xlsdl.do?sinfid=000009998148〔取得日：2013 年 2 月 1 日〕〉

第 7 章

経済企画庁（1992）．『平成 4 年度国民生活白書―少子社会の到来，その影響と対応』
総務省（2011）．『世界の統計』「2-1 表」〈URL：http://www.stat.go.jp/data/sekai/zuhyou/0201.xls〔取得日：2013 年 2 月 1 日〕〉
内閣府（2011）．『平成 23 年版子ども・子育て白書』「第 1-2-12 図」〈URL：http://www8.cao.go.jp/shoushi/whitepaper/w-2011/23webhonpen/csv/zh1-2-12.csv〔取得日：2013 年 2 月 1 日〕〉
内閣府（2012）．『平成 24 年版子ども・子育て白書』「第 1-2-37 図」〈URL：http://www8.cao.go.jp/shoushi/whitepaper/w-2012/24pdfhonpen/pdf/1-2-2.pdf〔取得日：2013 年 2 月 1 日〕〉
United Nations (2000). *Replacement migration: Is it a solution to declining and ageing populations?* New York, United Nations Population Division.

第 8 章

厚生労働省（2010）．『平成 24 年我が国の人口動態（平成 22 年までの動向）』p.32〈URL：http://www.mhlw.go.jp/toukei/list/dl/81-1a2.pdf〔取得日：2013 年 2 月 1 日〕〉

厚生労働省（2011）．『人口動態統計年報主要統計表』「第 8 表」〈URL：http://www.mhlw.go.jp/toukei/saikin/hw/jinkou/suii10/dl/s02.pdf〔取得日：2013 年 2 月 1 日〕〉

第 9 章

厚生労働省（1994-2010）．『人口動態調査』〈URL：http://www.e-stat.go.jp/SG1/estat/NewList.do?tid=000001028897〔取得日：2013 年 3 月 22 日〕〉

文部科学省（2009-2010）．『2009 年度「帰国・外国人児童生徒受入促進事業」アンケート調査』（実施地域：29 市，調査期間：2009 年 7 月〜 2010 年 3 月）〈URL：http://www.mext.go.jp/a_menu/shotou/clarinet/genjyou/1295897.htm〔取得日：2013 年 3 月 22 日〕〉

第 10 章

日本学生支援機構（1999-2011）．『外国人留学生在籍状況調査結果』「留学生受け入れ概況」平成 11 年度〜平成 23 年度（平成 11 〜 15 年度は文部科学省調べ）〈URL：http://www.jasso.go.jp/statistics/index.html〔取得日：2013 年 3 月 22 日〕〉

法務省入国管理局（2012）．『平成 23 年における留学生の日本企業等への就業状況について』平成 24 年 7 月〈URL：http://www.moj.go.jp/content/000100382.pdf〔取得日：2013 年 3 月 22 日〕〉

法務省入国管理局（2010-2012）．『出入国管理統計月報』〈URL：http://www.moj.go.jp/housei/toukei/toukei_ichiran_nyukan.html〔取得日：2013 年 3 月 22 日〕〉

第 11 章

厚生労働省（2012）．『2011 年度の外国人雇用状況の届出状況』

厚生労働省（2005）．『一般職業紹介状況（職業安定業務統計）』

厚生労働省（1994-2006）．『労働経済動向調査』

総務省（1985-2005）．『国勢調査』

橋本択摩（2007）．「高まりつつある外国人労働者受け入れ論議」〈URL：http://group.dai-ichi-life.co.jp/dlri/monthly/pdf/0711_7.pdf〔取得日：2013 年 3 月 18 日〕〉『第一生命経済研究所レポート 11 月号』第一生命経済研究所

第 12 章

石川県（2007）．『アンケート調査から見た在住外国人の現状』〈URL：http://www.pref.ishikawa.lg.jp/kokusai/tabunka/shishin/documents/3.pdf〔取得日：2013 年 3 月 22 日〕〉

日本学生支援機構（2012）．『平成 23 年度私費外国人留学生生活実態調査』 2012 年 10 月〈URL：http://www.jasso.go.jp/scholarship/documents/ryujchosa23p00.pdf〔取得日：2013 年 3 月 22 日〕〉

国立社会保障・人口問題研究所（2012）．『日本の将来推計人口（平成 24 年 1 月推計）《報告書》（2012 年 3 月 30 日公表）』〈URL：http://www.ipss.go.jp/syoushika/tohkei/newest04/hh2401.asp〔取得日：2013 年 3 月 22 日〕〉

第 13 章

日本政府観光局（JNTO）（2012）．『年別 訪日外客数，出国日本人数の推移』〈URL：http://www.jnto.go.jp/jpn/reference/tourism_data/pdf/marketingdata_outband6411.pdf〔取得日：2013 年 3 月 19 日〕〉

日本政府観光局（JNTO）（2013）．『国籍／月別 訪日外客数（2003 年〜2013 年）』〈URL：http://www.jnto.go.jp/jpn/reference/tourism_data/visitor_trends/pdf/2013_tourists.pdf〔取得日：2013 年 3 月 19 日〕〉

外国人集住都市会議（2012）．「外国人集住都市会議の会員都市データ」（2012.4.1 現在）〈URL：http://www.shujutoshi.jp/member/pdf/2012.04.01sankatosidata.pdf〔取得日：2013 年 3 月 19 日〕〉

第 14 章

厚生労働省（2012）．『経済連携協定（EPA）に基づく外国人看護師候補者の受入れと看護師国家試験の概要について』〈URL：http://www.mhlw.go.jp/stf/shingi/2r9852000001ycxb-att/2r9852000001yd1m.pdf〔取得日：2013 年 3 月 19 日〕〉

（財）国際厚生事業団（2012）．『外国人看護師・介護福祉士候補者受入れの枠組み，手続き等について』〈URL：http://www.jicwels.or.jp/files/H25E59BBDE58685E8AAACE6988EE4BC9AE7ACAC1E983A8E382.pdf〔取得日：2013 年 3 月 19 日〕〉

法務省入国管理局（1965-2011）『登録外国人統計』（日本の長期統計系列）〈URL：http://www.stat.go.jp/data/chouki/02.htm〔取得日：2013 年 3 月 22 日〕〉

総務省（1990-2011）『国勢調査』（日本の長期統計系列）〈URL：http://www.stat.go.jp/data/chouki/02.htm〔取得日：2013 年 3 月 22 日〕〉

第 15 章

厚生労働省（2010）．『衛生行政報告例』〈URL：http://www.e-stat.go.jp/SG1/estat/List.do?lid=000001083541〔取得日：2013 年 3 月 22 日〕〉

文化庁（2011）．『宗教年鑑』〈URL：http://www.bunka.go.jp/shukyouhoujin/nenkan/pdf/h21nenkan.pdf〔取得日：2013 年 3 月 22 日〕〉

第 16 章

警視庁（2012）．『2011 年の来日外国人犯罪の検挙状況』

警視庁（2012）．『2011 の刑法犯認知・検挙状況について』

法務省（2012）．『2012 年度版犯罪白書』

索　引

ア 行

アイデンティティ　30
アジア動向データベース　14
アメリカ
　　──の移民法　44
　　──の多文化社会化　38
　　──の国勢調査　38　→センサス

EPA　86　→経済連携協定
　　──に基づく介護士候補　87
　　──に基づく看護師候補者　86
e-stat　14, 34, 36, 47　→公開型の無料データベース
移民　i, 30, 44
　　──の女性化　47
　　──の人生　31　→人生
　　日本人──　44
　　ハワイ──　44
　　補充──　41, 42
移民政策　32, 105
因果関係　26
インテリジェンス　ix

エリクソン. E. H　30, 45, 51
円グラフ　21　→グラフ
　　多重──　21　→構成比の大きな割合の分解
　　補助棒付き──　21　→構成比の大きな割合の分解

OECD　14
　　──東京センター　14　→公開型の無料データベース
オールドカマー　38, 85, 86　→外国人登録者
折れ線グラフ　19, 23　→グラフ
レーダーグラフ　24　→長所と短所の表示・比較

カ 行

ガードナー, H.　vii
外国人
　　──の出生数　52
　　──の乳児死亡率　52
　　──の犯罪統計　99
　　──労働者　64-68
　　在日──　15
　　その他の──　99
　　来日──　99
外国人技能実習制度　66
外国人集住都市会議　81
外国人登録者　36
　　オールドカマー　38, 85, 86
　　ニューカマー　38

外国人登録法　36
外国人の子どもの就学状況等に関する調査　54
外国にルーツをもつ子どもたち　49, 56
改葬　95
鍵の交換費　72　→「賃貸契約」に関わる事項
学習者中心の授業　x
各要素の項目全体に対する割合比較　18　→百分率の積み上げ棒グラフ
火災保険料　72　→「賃貸契約」に関わる事項
火葬　94-96

キーワード　15
機関保証　74　→保証人制度
基準値　19, 21　→指数
基準が異なる変数比較　21　→指数グラフ
キャリア形成　8
求人倍率　67
　　新規──　67
　　有効──　67
求人数　67
　　新規──　67
　　有効──　67
教師中心の授業　x
協定該当者　34

クール・ジャパン戦略　58
グラフ
　　円──　21　→構成比
　　折れ線──　19, 23　→変化／変曲点
　　散布図　23　→相関関係
　　指数──　21　→基準が異なる変数比較
　　棒──　18　→推移／少ない系列での比較, 順位
　　面──　23　→時系列データの変化量の強調
グローバル人材　60

経済連携協定　86　→EPA
血統主義　49
検挙件数　102

公開型の無料データベース　14
　　e-stat　14, 34, 36, 47
　　Eurostat
　　OECD 東京センター　14
　　UN Data　14
　　アジア動向データベース　14

後期高齢者　84　→人口
合計特殊出生率　42
　　──の推移　42, 43
構成比　21　→円グラフ
　　──の大きな割合の分解　21　→多重円グラフ／補助棒付き円グラフ
項目内要素と全体量の推移・比較　18　→積み上げ棒グラフ
高齢化　42
　　──社会　84
　　──率　84
高齢者　84
高齢社会　42, 84
国際結婚　30, 46
国際離婚　46
国勢調査　38, 64
　　アメリカの──　38
国籍法　49
国立社会保障・人口問題研究所　41

サ 行

在留資格　36, 65, 66
在日外国人　15　→外国人
　　──の高齢化　84
散布図　23　→グラフ

敷金　71　→「賃貸契約」に関わる事項
時系列データ　18　→縦棒グラフ
　　──の変化量の強調　23　→面グラフ
時間経過による
　　全体・部分の量的推移　23　→積み上げ面グラフ
　　部分の割合推移　23　→百分率積み上げ面グラフ
指数　19, 21　→基準値
　　──グラフ　21　→グラフ
宗教系列　93
宗教紛争　92
宗教法人　93
　　単位──　93
　　包括──　93
出生地主義　49
出典の書き方　16
出入国管理統計　34
少子化　42
情報源　14, 15
情報分析　26
職種別労働者過不足判断DI　68
新規求人倍率　67　→求人倍率
新規求人数　67　→求人数

人口
　　——減少　40-42, 76
　　後期高齢者　84
　　生産年齢——　76, 84
　　世界の——　41
　　前期高齢者　84
　　日本の——　40
　　年少——　84
人口置換水準　42
人口動態調査　47
人生　ii, 4, 30-32　→移民の人生
　　——周期　i, 5, 30, 32　→ライフサイクル

推移　18　→棒グラフ
少ない系列での比較, 順位　18　→棒グラフ

生産年齢人口　76, 84　→人口
正の相関　24　→相関
世界の人口　41　→人口
前期高齢者　84　→人口
センサス　38　→アメリカの国勢調査
全数調査　47, 64
　　——でも見えない数字　64

相関
　　——関係　23, 24, 26　→散布図
　　——係数　23, 24
　　正の——　24
　　負の——　24
その他の外国人　99　→外国人

タ 行

対象の定義　25
多重円グラフ　21　→円グラフ
多重知能理論 MI　vii
縦棒グラフ　18　→棒グラフ
ダブル　47
多文化家族　46
多文化社会化　34, 35, 40, 42, 46, 47
　　アメリカの——　38
単位宗教法人　93　→宗教法人
単純棒グラフ　18, 23　→棒グラフ

超高齢社会　40-42, 84
長所と短所の表示・比較　24　→レーダーグラフ
「賃貸契約」に関わる事項　71
　　鍵の交換費　72
　　火災保険料　72
　　敷金　72
　　仲介手数料　71
　　入居審査　71
　　前家賃　71
　　礼金　71

積み上げ棒グラフ　18　→棒グラフ

積み上げ面グラフ　23　→面グラフ
ツリーチャート　12

定義　25
データの昇順・降順　18　→横棒グラフ
データベース　14, 16
　　公開型の無料——　14

登録外国人統計　35

ナ 行

日本人移民　44　→移民
日本の人口　40　→人口
ニューカマー　38　→外国人登録者
入居審査　71　→「賃貸契約」に関わる事項
乳児死亡率　52
　　外国人の——　52
乳児死亡数に占める国籍別割合　53
認知件数　102　→発生件数

年少人口　84　→人口
年齢別登録外国人数　84

納骨堂　95

ハ 行

ハワイ移民　44　→移民
発生件数　102　→認知件数

比較対象　26
東日本大震災　59, 60, 62, 78
ビジット・ジャパン事業　78, 79
百分率積み上げ面グラフ　23　→面グラフ
百分率の積み上げ棒グラフ　19　→棒グラフ
標本　25
　　——数　25

不就学　54
負の相関　24　→相関
ブレイクダウン　13
墳墓　95

変化　19, 26　→折れ線グラフ
変曲点　19　→折れ線グラフ

ホイジンガ, J.　4
包括宗教法人　93　→宗教法人
棒グラフ　18　→グラフ
　　単純——　18
　　縦——　18　→時系列データ
　　積み上げ——　18　→項目内要素と全体量の推移・比較
　　百分率の積み上げ——　19　→各要素の項目全体に対する割合比較
　　横——　18　→データの昇順・降順

訪日外客数　79
補充移民　41, 42　→移民
母集団　25
母子健康手帳　53
保証人　72
　　連帯——　72
保証人制度　74
　　機関保証　74
　　家賃債務保証事業　74
補助棒付き円グラフ　21　→円グラフ
墓地の経営主体　96
ホモ・ルーデンス　4

マ 行

埋葬　95
埋葬方法　95

前家賃　71　→「賃貸契約」に関わる事項

面グラフ　23　→グラフ
　　積み上げ——　23　→時間経過による全体・部分の量的推移
　　百分率積み上げ——　23　→時間経過による部分の割合推移

ヤ 行

夜間中学　8
家賃債務保証事業　74　→保証人制度

UN Data　14　→公開型の無料データベース
有効求人倍率　67　→求人倍率
有効求人数　67　→求人数
有効求職者数　67
Eurostat　14　→公開型の無料データベース

横棒グラフ　18　→棒グラフ

ラ 行

来日外国人　99　→外国人
ライフサイクル　i, ii, 30-32　→人生周期
　　——論　26
　　——の視点の有効性　31, 32

リーマン・ショック　i, 60, 78
留学生　58
　　——の採用後のビザ　60
　　——の就職活動　60
留学生30万人計画　58

礼金　71　→「賃貸契約」に関わる事項
レーダーグラフ　24　→折れ線グラフ
連帯保証人　72　→保証人

■ 編著者プロフィール

川村千鶴子（かわむら ちずこ）

現　　職：大東文化大学環境創造学部長。博士（学術）。
略　　歴：慶応義塾大学，多文化教育研究所長を経て，大東文化大学環境創造学部教授。
専　　門：多文化共生論，移民政策。
所　　属：移民政策学会理事，国立民族学博物館共同研究員，日本キャリア・デザイン学会，NPO 難民支援協会ほか。
主要著書：『創造する対話力──多文化共生社会の航海術』（税務経理協会，単著）『多文化教育を拓く』『異文化間介護と多文化共生』『移民政策へのアプローチ──ライフサイクルと多文化共生』『「移民国家日本」と多文化共生論──多文化都市・新宿の深層』『3・11 後の多文化家族』（すべて明石書店，編著）。『自治体の外国人政策』（明石書店，共著），『オセアニア学』（京都大学学術出版会，共著）
担　　当：はじめに，論理数学的知能を伸ばそう！，第1・2・5章，おわりに

■ 執筆者プロフィール

郭　潔蓉（かく いよ）

現　　職：東京未来大学モチベーション行動科学部教授，ビジネス・ブレイクスルー大学グローバル経営学部兼任講師。博士（法学）。
略　　歴：台湾出身，筑波大学大学院社会科学研究科博士課程修了。外資系コンサルティング会社，ボストン大学大学院国際関係学専攻修士課程。大東文化大学，ビジネスブレークスルー大学院大学での教職を経て現職。
専　　門：東アジア・東南アジア圏の政治経済，経営環境分析。
主要著書：『日本人の子育て・教育を読み解くデータ総覧』2004 年版（日本能率協会総合研究所，単著），同 2006 年版（日本能率協会総合研究所，共著）『まるごと都道府県 2004』（日本能率協会総合研究所，単著），『3.11 後の多文化家族』（明石書店，共著）
担　　当：第3・4・9・10・12・13・14・15章

原　知章（はら ともあき）

現　　職：静岡大学人文社会科学部准教授。博士（文学）。
略　　歴：早稲田大学大学院文学研究科博士後期課程単位取得退学。
専　　門：文化人類学。
主要著書：『民俗文化の現在』（同成社，単著），『電子メディアを飼いならす』（せりか書房，共編著），『多文化社会の〈文化〉を問う』（青弓社，共著），『フィールドワーカーズ・ハンドブック』（世界思想社，共著），『ハワイを知るための60章』（明石書店，共著）。
担　　当：第6・7・8章

貫　真英（ぬき まさひで）

現　　職：城西大学経済学部准教授。工学院大学非常勤講師。国際基督教大学非常勤講師。修士（経済学）。
略　　歴：一橋大学大学院経済学研究科博士後期課程単位取得退学。
専　　門：環境経済学，経済政策。
主要著書：『環境保全への途──アジアからのメッセージ』（有斐閣，共著），『自動車リサイクル──静脈産業の現状と未来』（東洋経済新報社，共著），『環境・自動車リサイクル辞典』（日報出版，共著），『日本・ドイツ・米国の環境政策』（岩波書店，共訳），など。
担　　当：第11・16章

ディスカッション：多文化共生社会を考える
統計データで読み解く
移動する人々と日本社会
ライフサイクルの視点から情報分析を学ぶ

2013 年 5 月 30 日　初版第 1 刷発行　（定価はカヴァーに表示してあります）

編著者　川村千鶴子
発行者　中西健夫
発行所　株式会社ナカニシヤ出版
〒606-8161　京都市左京区一乗寺木ノ本町 15 番地
Telephone　075-723-0111
Facsimile　075-723-0095
Website　http://www.nakanishiya.co.jp/
E-mail　iihon-ippai@nakanishiya.co.jp
郵便振替　01030-0-13128

装幀＝白沢　正／印刷・製本＝ファインワークス
Copyright © 2013 by C. Kawamura
Printed in Japan.
ISBN978-4-7795-0764-9

本書のコピー、スキャン、デジタル化等の無断複製は著作権法上の例外を除き禁じられています。本書を代行業者等の第三者に依頼してスキャンやデジタル化することはたとえ個人や家庭内での利用であっても著作権法上認められていません。

新編 大学 学びのことはじめ
初年次セミナーワークブック

佐藤智明・矢島 彰・安保克也［編］

大学を卒業したら，何をしたい？ そのために必要なことは何？ 学生の間に身につけておきたいキャンパスライフ，スタディスキルズ，キャリアデザインの基礎リテラシーをしっかりカバー。全ページ，切り取り可能なミシン目入り。ルビを細かく入れており留学生対応【*教員専用の指導用マニュアル有】

B5 判・130 頁・1,900 円

理工系学生のための大学入門
アカデミック・リテラシーを学ぼう！

金田 徹・長谷川裕一［編］

理工系学生のための初年次教育用テキスト。大学生としてキャンパスライフをエンジョイする心得を身につけ，アカデミック・ライティングやテクニカル・ライティング，プレゼンテーションなどのリテラシーをみがこう！

B5 判・152 頁・1,800 円

大学1年生からのコミュニケーション入門

中野美香［著］

充実した議論へと読者を誘う基礎から応用まで網羅した平易なテキストと豊富なグループワーク課題を通じて企業が採用選考時に最も重視している「コミュニケーション能力」を磨く。キャリア教育に最適な高校生，大学生，社会人向けコミュニケーションテキストの決定版。

B5 判・122 頁・1,900 円

大学生からのプレゼンテーション入門

中野美香［著］

プレゼンテーションの力をみがこう！ 現代社会で欠かせないプレゼンテーション——本書では書き込みシートを使って，プレゼン能力とプレゼンをマネジメントする力をみがき段階的にスキルを発展。大学生のみならず高校生・社会人にも絶好の入門書です！ 書き込み便利なワークシート付き。

B5 判・148 頁・1,900 円

ビジネス 学びのことはじめ
ステップアップ・ワークブック

佐藤智明・田窪美葉・
外島健嗣・志馬祥紀［編著］

社会人として人生をしっかり歩んでいくために必要な能力とは何でしょう？この本では確実なキャリア力を身につけるために調べる力，分析する力，表現する力にポイントを置きながらビジネスについて学びます。全ページ，すぐに書き込み提出できる切り取りのできるミシン目入り。またルビ入りで留学生にも対応しています。

B5 判・124 頁・1,900 円

話し合いトレーニング
伝える力・聴く力・問う力を育てる
自律型対話入門

大塚裕子・森本郁代［編著］

様々な大学での授業実践から生まれた，コミュニケーション能力を総合的に発揮する話し合いのトレーニングをワークテキスト化。情報共有や問題解決のための伝える力・聴く力・問う力を育むグループワークの決定版！

B5 判・132 頁・1,900 円

大学生活を楽しむ護心術
初年次教育ガイドブック

宇田 光［著］

簡単に騙されない大学生になるために！クリティカルシンキングをみがきながらアカデミッククリテラシーを身につけよう。大学での学び方と護心術としてのクリティカルシンキングを学ぶ，コンパクトな初年次教育ガイド！

A5 判変形・114 頁・1,600 円

表示の価格は本体価格です（2013 年 3 月現在）。

心 理 学 概 論

山内弘継・橋本　宰 [監修]
岡市廣成・鈴木直人 [編]
青山謙二郎 [編集補佐]

各領域の専門家が，これだけは必ず教えるべきだという内容を授業の解説なくとも読めば理解できるよう最大限わかりやすく解説する。理論や重要な事実の紹介にあたっては実証的証拠・具体的なデータを提示し，古典はもちろん最新トピックまで取り上げる。

B5 判・416 頁・3,000 円

心 理 学 概 論

京都大学心理学連合編

教育学研究科から霊長類研究所まで，学部を越えた京都大学心理学系教員による，学術的に正確かつ読みやすく，スタンダードな本格的大型テキスト。
心理学の先端的研究を支える将来の研究者の養成はここから始まる。

B5 判・392 頁・3,000 円

図説　教養心理学

金敷大之・森田泰介 [編著]

読者の心理学への興味を広げ，理解を助ける豊富な図表に，具体的，かつ，くわしい説明。学生時代に学ぶべき教養としての心理学を 1 冊に凝縮した決定版テキスト！

B5 判・256 頁・2,000 円

教育心理学エッセンシャルズ

[第 2 版]

西村純一・井森澄江 [編]

教師を志す学生や教育に関係する人たちのための教育心理学入門。大好評のテキストを最新の知見を加えながら内容を取捨選択し，新たに授業に適した 15 章に再構成。時代に合わせて，よりスリムにアップデートした待望の第二版！

B5 判・180 頁・2,200 円

ワークショップ大学生活の心理学

藤本忠明・東 正訓 [編著]

勉強の仕方，自分づくり，友達づくり，危機管理など学生生活で想定される出来事への対応を心理学の知見をもとに考え，学びの意欲を引き出すとともに，大学生としての生き方（ライフスタイル）の形成と社会性を育む！

A5 判・256 頁・2,000 円

保 育 の 心 理 学

子どもたちの輝く未来のために

相良順子・村田カズ・
大熊光穂・小泉左江子 [著]

「保育の心理学 I, II」の内容を 1 つにまとめた保育士や幼稚園教諭の養成課程のテキスト。
子どもの発達の解説を中心に，事例や章末課題により具体的な保育場面とのつながりを理解しやすくし，実践力も培う。写真も豊富で楽しく学べる。

A5 判・160 頁・1,800 円

心とかかわる臨床心理

基礎・実際・方法 [第 2 版]

川瀬正裕・松本真理子・松本英夫 [著]

将来，人とかかわる立場に立とうとする学生が，臨床心理学に初めてふれる際にその全体像をとらえやすく，かつその現場でも生かせるようにまとめた。また，いろいろな専門家同士の連携のための間口も広げた。発達障害等最新トピックを充実させた第2版。

B5 判・178 頁・2,200 円

表示の価格は本体価格です（2013 年 3 月現在）。

エスプリ・ド　憲法

糠塚康江・吉田仁美 [著]

憲法を学ぶとは「歴史を読み，現実を読む」営み――豊富な判例，最新の動向を織り込みながら，大学に入って日本国憲法をはじめて学ぶ人のために憲法の標準的な理解を丁寧に解説する，新たなるスタンダード・テキストブック。

A5 判・342 頁・2,800 円

ウォーミングアップ法学

石山文彦 [編]

日本の法制度全般について知りたいと願う人のための最初の一冊！　条文の読み方などの基礎の基礎，法とは何かをめぐる基礎法の概略から，憲法・民法・刑法の基本までを，豊富なコラム，イラストなどで分かりやすく解説。各章末の練習問題を解きながら，法律の基礎を楽しく学ぼう！

A5 判・424 頁・3,000 円

ヨーロッパのデモクラシー

網谷龍介・伊藤　武・成廣　孝 [編]

欧州 28 ヵ国の最新の政治動向を各国別に紹介する決定版テキスト！　民主主義の赤字，福祉国家の危機，新自由主義，移民とポピュリズム，政治不信，統合と分権……。欧州諸国は民主主義をめぐる様々な困難に，どのように立ち向かおうとしているのか。EU 加盟国を中心に，欧州 28 ヵ国の最新の政治状況を分かりやすく紹介。

A5 判・466 頁・3,200 円

はじめて経営学を学ぶ

田尾雅夫・佐々木利廣・若林直樹 [編]

企業って何？　ビジネスマンって何？　経営って何？　経営戦略や組織論など経営学の基本から，イノベーションや倫理，環境経営まで，ビジネス・マネジメントの最前線を 59 のキーワードで紹介。学生・新社会人・ビジネスマン・MBA 志望者に最適なトピック満載のスタンダード・テキスト。これ一冊で「経営」の基本が分かる！

A5 判・296 頁・2,200 円

国際経済学入門

グローバル化と日本経済

高橋信弘 [編]

国際経済学の理論の基礎をもとに，グローバル経済とその日本への影響を考えてみよう。予備知識一切不要の「生きた」経済学入門。

A5 判・282 頁・2,800 円

福祉の経済思想家たち

〔増補改訂版〕

小峯　敦 [編]

貧困の発見から福祉国家のグランド・デザイン，福祉国家批判から新しい福祉社会の模索まで，福祉＝理想社会の設計をめぐって格闘した，経済学者たちの軌跡。ベーシック・インカムをはじめ，最新のトピックや資料も充実させた改訂版。

A5 判・344 頁・2,500 円

入門社会経済学

資本主義を理解する〔第 2 版〕

宇仁宏幸・坂口明義・遠山弘徳・鍋島直樹 [著]

ポスト・ケインズ派，マルクス派，新リカード派等，非新古典派の共有する経済理論を体系的に紹介。金融危機以後の最新の経済状況に対応した，決定版テキストの改訂版。日本における格差問題や非正規雇用問題，世界的な産出量の問題や失業の増大等，資本主義の新たな局面の本質を理解するうえで，有効な視座を提供する。

A5 判・376 頁・3,000 円

表示の価格は本体価格です（2013 年 3 月現在）。

総合的戦略論ハンドブック

孫崎 享・音 好宏・渡辺文夫 [編]

戦略的思考を高めるために！
「人や組織に死活的に重要なことをどう処理するか」
を考える戦略論。
各界で活躍する執筆陣による「理論としての戦略」
と「生きた戦略」を融合する画期的論攷！

B5判・202頁・2,800円

学びのデザインノート

MH式ポートフォリオ　大学英語学習者用

村上裕美 [著]

英語がなかなか身につかないのはなぜ？
学習効果を上げるために自分を正確に分析して弱点を見つけよう！個々人の学習目標に合わせてその成果を確認しながら，英語力を高める工夫が施された英語学習の自己管理帳。

B5判・160頁・1,800円

イ メ ー ジ

上巻：イメージとは何か
下巻：イメージと私たち

前田 茂・要真理子 [著]

[上巻] 私たち人間と視覚イメージとの複雑で幅広い関わりを多数の図版を用いわかりやすく読み解く。
[下巻] 顔やファッションなど私を表現するイメージ，地図や庭園といった世界のイメージ，広告などの消費されるイメージなど，より社会的な観点からイメージを広範に読み解く。

B5判・上巻：132頁・1,900円／下巻：132頁・1,900円

日 本 語 再 履 修

柿木重宜 [著]

大学や短期大学の日本語テキストとしてはもちろん，就職活動の前や，働き始めてからも日本語を改めて学びなおすために——
100の問題を通して，楽しみながら，自分で考えて，より深く学ぶ日本語再入門！

A5変形判・172頁・1,500円

グローバルキャリア教育

グローバル人材の育成

友松篤信 [編]

海外で活躍する人材を育成するためのキャリア教育とは？　グローバルに活躍できる人材に必要な能力はグローバルマインド——その教育育成のためのテキスト。具体的な実践例やノウハウ・考え方も豊富に掲載。

B5判・200頁・2,500円

メディア・コミュニケーション論

[シリーズ] メディアの未来①

池田理知子・松本健太郎 [編著]

想像する力が意味を創造する——
メディアが大きく変容している現在において，コミュニケーションとメディアの捉え方を根底から問い，読者を揺り動かす最新テキスト。

四六判・224頁・2,200円

メ デ ィ ア 文 化 論

[シリーズ] メディアの未来②

遠藤英樹・松本健太郎・江藤茂博 [編著]

文化という意味の網を読み解く——
メディアが多様な形態で発達を遂げた今日，私たちをとりまく文化はどのような変容を遂げつつあるのか。読者をディスカッションへと誘う好評シリーズテキスト待望の第2弾！

四六判・250頁・2,400円

表示の価格は本体価格です（2013年3月現在）。

教養としての数学

堤 裕之 [編]／畔津憲司・岡谷良二 [著]

全ての大学生が身につけるべき数学を1冊に――高校1年次までに学ぶ数学を大学生の視点で見直すと？さまざまな計算技法，数学用語，数学記号を丁寧に解説。就職・資格試験の類題を含む豊富で多様な練習問題を通して学ぶ全大学生のための数学教科書

B5判・192頁・2,000円

文科系学生のための新統計学

小野寺孝義・菱村 豊 [著]

統計は苦手で取っつきにくいと感じる文科系の学生にも，統計の基本を心から理解させる丁寧な解説。付属CDには統計の演習に最適なプログラムが収められている。「文科系の学生のための数学入門1・2」で基礎を身に付けてから取り組むのもお勧め。

B5判・176頁・2,500円

多変量データ解析法
心理・教育・社会系のための入門

足立浩平 [著]

1. できるだけ数式を使わない，2. 原理のエッセンスを伝える，3. 必要最小限の記述で効率よく学ぶ，3つの基本方針により因子分析や構造方程式モデリングなど多変量解析を使いこなすためのガイダンスを集約。各章90分の講義を想定しています。

B5判・176頁・2,600円

自分で作る 調査マニュアル
書き込み式卒論質問紙調査解説

北折充隆 [著]

質問紙調査に必要な統計の解説は数式を多用するため読み進めることが難しいものです。
読者が空欄に書き込みながら理解を深めていくよう工夫しました。完成後は調査ハンドブック利用可能。自学自習も可能です。

B5判・194頁・2,400円

マルチレベルモデル入門
実習：継時データ分析

安藤正人 [著]

時間的変化を分析してみませんか？なぜ「マルチレベルモデル」なのか？
一般線形モデルや混合モデルという新しい分析の枠組みを理解しながらマルチレベルモデルが理解できる画期的入門書！SPSS,SASの実行プログラム付。

B5判・176頁・2,500円

基礎から学ぶ マルチレベルモデル
入り組んだ文脈から新たな理論を創出するための統計手法

小野寺孝義 [編訳]

複雑な世界を理解するための新統計手法入門！階層的データ構造を取り扱うマルチレベルモデルを易しく解説。MLwiN,HLM,SPSS Mixed,Rなどの各ソフトウェアの操作方法まで詳しく説明。

B5判・210頁・3,000円

人文・社会科学のための カテゴリカル・データ解析入門

太郎丸 博 [著]

人文・社会科学で扱う統計を初歩から学びたい人必携！クロス集計表の読み方・作成法などカテゴリカル・データの分析法を中心に，式をきっちり理解して計算できるよう懇切丁寧に解説。

B5判・252頁・2,800円

表示の価格は本体価格です（2013年3月現在）。